Hábitos de Excelencia

Consejos de los Maestros del Management y el Liderazgo

CARLO ARQUEROS

Copyright WMS BOOKS: HÁBITOS DE EXCELENCIA

All rights reserved. © 2024, by CARLO A. ARQUEROS P.

Copyediting & Proofreading: Carlo Arqueros P.: WMS BOOKS

Book Cover Design and Book Interior Layout: Carlo Arqueros P.:

First Edition. Published by WMS BOOKS

Paperback **ISBN**: 9798878859509

No part of this publication may be reproduced, distributed or transmitted in any form or by any means, including photocopying, recording, or other electronic or mechanical methods, without the prior written permission of the publisher, except in case of brief quotations embroiled in critical reviews and certain other noncommercial uses permitted by copyright law. For permission requests, write to the publisher, addressed "Attention: Permissions Coordinator," at the address below. The information, opinion, analysis and content of this book is the author's responsibility and it does not represent the point of view of the editorial company, WMS BOOKS.

Printed in the United States. Amazon.com

WMS BOOKS and their affiliates are an imprint and registered trademark of WalicMS SpA. General Manuel Baquedano 239 office 316. Antofagasta. Chile. Postal Code 1271452

www.walicms.com / Arqueros.wtc@gmail.com

DEDICATORIA

A Máximo y Alonso, mis dos amados hijos.

CONTENIDO

Agradecimientos e Introducción	i
"La excelencia no es un acto, sino un hábito."	3
"La calidad nunca es un accidente; siempre es el resultado de un esfuerzo de la inteligencia."	5
"El liderazgo es la capacidad de traducir la visión en realidad."	9
"El éxito es la suma de pequeños esfuerzos repetidos día tras día."	13
"La verdadera medida del liderazgo es la influencia, nada más, nada menos."	15
"La única forma de hacer un gran trabajo es amar lo que haces."	17
"El cambio es la ley de la vida. Y aquellos que solo miran al pasado o al presente están seguros de perder el futuro."	19
"La eficiencia es hacer las cosas bien; la eficacia es hacer las cosas correctas."	21
"El trabajo en equipo es la capacidad de trabajar juntos hacia una visión común. La habilidad de dirigir los logros individuales hacia objetivos organizacionales. Es el combustible que permite a la gente común obtener resultados poco comunes."	23
"La clave de un liderazgo exitoso hoy es la influencia, no la autoridad."	27

"El mayor logro fue, al principio, y después de todo, el hecho de que alguien pensara en hacer algo." 29
"La gestión es eficiencia en el escalón de la escalera hacia el éxito; el liderazgo determina si la escalera está apoyada contra la pared correcta." 31
"La única manera de hacer un gran trabajo es amar lo que haces." 33
"El tiempo no es algo que puedas administrar. El tiempo es algo que tienes que controlar." 35
"No encuentres la culpa, encuentra una solución." 37
"El arte de la comunicación es el lenguaje del liderazgo." 39
"La planificación a largo plazo no es pensar en las decisiones futuras, sino en el futuro de las decisiones presentes." 43
"No puedes mejorar lo que no puedes medir." 47
"La mejor forma de predecir el futuro es crearlo." 49
"No es que tengamos poco tiempo, sino que perdemos mucho." 51
"La mayor recompensa por hacer bien algo es haberlo hecho." 53
"Lo que no se define, no se puede medir. Lo que no se mide, no se puede mejorar." 55

"La calidad es hacer las cosas bien cuando
nadie está mirando." 57
"El éxito no es definitivo, el fracaso no es
fatal: es el valor para continuar lo que
cuenta." 59
"La forma de empezar es dejar de hablar y
comenzar a hacer." 61
"Un líder es alguien que conoce el camino,
va por el camino y muestra el camino." 63
"Lo que obtienes al alcanzar tus metas no
es tan importante como lo que llegas a ser
al alcanzarlas." 65
"La función de liderazgo es producir más
líderes, no más seguidores." 67
"La gestión es hacer las cosas bien; el
liderazgo es hacer lo correcto." 69
"Haz hoy lo que otros no quieren, haz
mañana lo que otros no pueden." 71
"Nuestro mayor recurso es el tiempo. No
puedes recuperar el tiempo perdido." 73
"El liderazgo no es acerca de ser el mejor.
Es acerca de hacer que todos sean
mejores." 75
"No hay secretos para el éxito. Es el
resultado de la preparación, el trabajo
arduo y aprender de los fracasos." 77
"El líder optimista y positivo se queda con
el equipo en tiempos difíciles." 79

"El fracaso es simplemente la oportunidad de comenzar de nuevo, esta vez de manera más inteligente." 81

"El liderazgo es el arte de dar a la gente una plataforma para expresar su rendimiento." 83

"La calidad es más importante que la cantidad. Un home run es mucho mejor que dos dobles." 85

"La verdadera medida de un hombre no está en cuántos sirvientes tiene, sino en cuántos sirve." 87

"La única cosa peor que capacitación a tus empleados y que se vayan es no capacitarlos y que se queden." 89

"El liderazgo es la capacidad de convertir la visión en realidad." 91

"El cambio no es algo que debamos temer. Es algo que debemos abrazar." 93

"El éxito es caminar de fracaso en fracaso sin perder el entusiasmo." 95

"Un líder es aquel que conoce el camino, lo recorre y muestra el camino." 97

"El único lugar donde el éxito viene antes del trabajo es en el diccionario." 99

"No es la especie más fuerte la que sobrevive, ni la más inteligente, sino la que responde mejor al cambio." 101

"La tarea del líder es llevar a su gente de donde están, hacia donde no han estado." 103

"El liderazgo no es sobre ser enriquecido;
es sobre enriquecer a otros." 105
"El mayor logro de un líder es la creación
de líderes." 107
"La gente no compra lo que haces, compra
por qué lo haces." 109
"Si piensas que la formación es costosa,
prueba con la ignorancia." 111
"El respeto es cómo tratamos a los demás,
no cómo los tratamos cuando están delante
de nosotros, sino cómo los tratamos
cuando no están delante." 113
"El trabajo en equipo es el secreto que hace
que las personas comunes logren resultados
poco comunes." 115
"La mejor manera de predecir el futuro es
inventarlo." 117
"La verdadera medida de la efectividad de
un líder es todo lo que se logra en su
ausencia." 119
"Conducir Gente Es Tan Dificil Como
Arrear Gatos." 121
"Se tarda 20 años en construir una
reputación y cinco minutos en arruinarla. si
piensas en eso, harás las cosas de manera
diferente." 123
"La innovación distingue entre un líder y
un seguidor." 125

xi

"El liderazgo no es intimidación y agresión. el liderazgo es la expectativa de que puedes usar tu voz para el bien."   127

"Grandes empresas se construyen sobre grandes productos.   129

"A medida que miramos hacia el próximo siglo, los líderes serán aquellos que empoderen a los demás."   133

"Capacita a las personas lo suficientemente bien para que puedan irse, trátalas lo suficientemente bien para que no quieran."   135

"Antes de ser un líder, el éxito se trata de tu propio crecimiento. cuando te conviertes en un líder, el éxito se trata de hacer crecer a los demás."   137

"Los grandes líderes están dispuestos a sacrificar sus propios intereses personales por el bien del equipo."   139

Acerca del Autor   141

INTRODUCCIÓN

Bienvenido a un viaje reflexivo a través del liderazgo y la gestión empresarial. Este libro, impregnado con 62 citas y reflexiones cuidadosamente seleccionadas, ofrece una mirada profunda al corazón de las mejores prácticas en liderazgo. Estas palabras, extraídas de la sabiduría de líderes destacados y visionarios, trascienden las tácticas convencionales para explorar los aspectos fundamentales del liderazgo efectivo. Desde la visión audaz de Elon Musk hasta la ética centrada en el equipo de Colin Powell, repasando a grandes del management como Peter Drucker entre otros, cada reflexión proporciona una perspectiva única y valiosa. Más que una simple colección de citas, este libro sirve como un faro, iluminando el camino hacia un liderazgo más consciente y significativo. Sumérgete en estas reflexiones para descubrir el poder transformador de liderar con propósito y contribuir al éxito duradero en el ámbito empresarial. Este libro es una guía esencial para aquellos que buscan no solo liderar, sino liderar con impacto y significado.

"LA EXCELENCIA NO ES UN ACTO, SINO UN HÁBITO." ARISTÓTELES

La famosa cita "La excelencia no es un acto, sino un hábito" de Aristóteles enfatiza la importancia de la consistencia y la práctica continua en la búsqueda de la excelencia. Desde mi perspectiva como experto, esta frase resalta que la verdadera maestría y calidad no se logran a través de acciones esporádicas, sino mediante la incorporación de comportamientos excelentes en nuestras rutinas diarias.

En el núcleo de esta declaración yace la idea de que la excelencia no es simplemente el resultado de momentos excepcionales, sino el fruto de hábitos cultivados a lo largo del tiempo. La frase sugiere que la repetición de acciones y prácticas de alta calidad se convierte en un hábito arraigado, y es esta consistencia la que lleva a la maestría y a la excelencia duradera.

La afirmación resalta la importancia de la disciplina y el compromiso en la búsqueda de la excelencia. En lugar de depender de actos aislados de brillantez, Aristóteles destaca que la constancia en la entrega de un rendimiento excepcional se convierte en una característica distintiva de aquellos que buscan la excelencia en cualquier campo.

Además, la frase invita a reflexionar sobre la naturaleza acumulativa de la excelencia. Cada pequeño acto de calidad contribuye a la formación de hábitos que, con el tiempo, se convierten en parte integral de la identidad y el rendimiento de una persona.

En un sentido más amplio, la cita también resalta que la excelencia no es un destino final, sino un viaje continuo. La mejora constante y el compromiso con la calidad son aspectos fundamentales de la excelencia como hábito.

En resumen, la afirmación de Aristóteles destaca que la excelencia se manifiesta a través de hábitos arraigados y prácticas consistentes, en lugar de ser simplemente el resultado de actos esporádicos. Este enfoque resalta la importancia de la disciplina, la dedicación y la formación de hábitos positivos en la búsqueda de la excelencia duradera en cualquier esfuerzo.

Acción Sugerida: Analiza los hábitos que están fuera del alcance de tu disciplina y abordarlos.

"LA CALIDAD NUNCA ES UN ACCIDENTE; SIEMPRE ES EL RESULTADO DE UN ESFUERZO DE LA INTELIGENCIA." - JOHN RUSKIN

La célebre afirmación "La calidad nunca es un accidente; siempre es el resultado de un esfuerzo de la inteligencia", hace referencia a un principio fundamental en la gestión y producción de bienes y servicios. Como experto en calidad y académico, considero que esta cita destaca la necesidad de adoptar un enfoque deliberado y estratégico para alcanzar niveles excepcionales de calidad en cualquier empresa o proceso. La calidad, lejos de ser un fenómeno aleatorio, es el producto directo de la dedicación, el conocimiento y la inteligencia aplicados de manera sistemática.

Desde una perspectiva empresarial, esta afirmación impulsa la importancia de la planificación meticulosa en todas las etapas del ciclo de vida de un producto o servicio. La inteligencia aquí se refiere a la capacidad de comprender los requisitos del cliente, anticipar posibles desafíos y diseñar soluciones innovadoras. Implica la adopción de estándares rigurosos desde la fase de concepción hasta la entrega final, con la capacidad de adaptarse y mejorar continuamente.

El esfuerzo de la inteligencia también aborda la necesidad de contar con equipos capacitados y comprometidos. La formación y el desarrollo de habilidades son esenciales para asegurar que cada miembro del equipo comprenda la importancia de su rol en la consecución de la calidad. La inteligencia colectiva de un equipo bien capacitado se traduce en procesos eficientes y productos finales que cumplen o superan las expectativas del cliente. Además, la cita destaca la importancia de la gestión de la calidad en un sentido más amplio. Va más allá de simplemente corregir defectos; implica prevenirlos desde el principio.

La inteligencia se aplica en la identificación proactiva de posibles problemas y la implementación de medidas preventivas. La retroalimentación constante y la mejora continua son aspectos clave de este esfuerzo de la inteligencia, permitiendo que la calidad evolucione en respuesta a las cambiantes demandas del mercado y las expectativas del cliente. En el contexto de la innovación, la inteligencia también se relaciona con la capacidad de adoptar nuevas tecnologías y metodologías. Mantenerse al tanto de las tendencias de la industria y aplicar las mejores prácticas permite a las organizaciones no solo mantener, sino también elevar, sus estándares de calidad.

En resumen, la cita destaca la interconexión entre la calidad y la inteligencia, subrayando que la excelencia no ocurre por casualidad, sino como resultado de un compromiso constante y consciente con la mejora. crecimiento sostenible y el éxito a largo plazo de la organización.

Acción Sugerida: Analiza la Propuesta de Valor de tu producto o servicio y responde las interrogantes que surjan, respecto de que tan potente es la declaración de la propuesta de valor y si los procesos están acordes y la sustentan coherentemente.

"EL LIDERAZGO ES LA CAPACIDAD DE TRADUCIR LA VISIÓN EN REALIDAD." - WARREN BENNIS

La afirmación "El liderazgo es la capacidad de traducir la visión en realidad" encapsula la esencia misma de lo que significa ser un líder efectivo. Desde mi perspectiva como experto en liderazgo, esta frase destaca la importancia crucial de no solo concebir una visión inspiradora, sino también de tener la habilidad y la destreza para materializarla en la práctica.

En el núcleo de esta declaración se encuentra la noción de que el liderazgo va más allá de la simple formulación de metas; implica la habilidad de comunicar y compartir esa visión de manera que inspire a otros a seguir y trabajar hacia su realización.

El líder efectivo actúa como un traductor magistral, transformando las ideas abstractas en planes concretos y ejecutables. Este proceso de traducción requiere una combinación única de habilidades. En primer lugar, implica la capacidad de comunicarse de manera clara y persuasiva, transmitiendo la visión de manera que resuene con los miembros del equipo.

El líder debe ser capaz de articular los beneficios y objetivos de la visión de manera que motive y genere compromiso.

Además, el líder también debe poseer la destreza estratégica para diseñar planes y estrategias prácticas que conduzcan a la realización de la visión. Esto implica la identificación de recursos necesarios, la asignación eficiente de tareas y la gestión efectiva de los desafíos que puedan surgir en el camino.

El liderazgo como traductor de la visión en realidad también destaca la importancia de la adaptabilidad y la capacidad de liderar en entornos cambiantes.

A medida que evolucionan las circunstancias, el líder debe ser capaz de ajustar y refinar la visión y el plan, manteniendo siempre el enfoque en el objetivo final. Esta cita sugiere que el liderazgo va más allá de la autoridad formal; es una capacidad dinámica y activa que se demuestra a través de la acción y los resultados tangibles. Un líder efectivo no solo inspira, sino que también guía y facilita la concreción de la visión, asegurando que la estrategia sea implementada de manera efectiva.

En conclusión, la frase subraya que el verdadero liderazgo no se limita a la conceptualización de una visión grandiosa, sino que se define por la capacidad de convertir esa visión en una realidad palpable.

Acción Sugerida: Analiza las capacidades activas y pasivas, al igual que tus acciones que realizas, en pro de desarrollar un liderazgo referente cada día.

"EL ÉXITO ES LA SUMA DE PEQUEÑOS ESFUERZOS REPETIDOS DÍA TRAS DÍA." - ROBERT COLLIER

La frase "El éxito es la suma de pequeños esfuerzos repetidos día tras día" destaca la importancia de la consistencia y el trabajo continuo en la consecución de metas. Desde mi perspectiva como experto, esta afirmación subraya que el éxito no es un acontecimiento aislado, sino más bien el resultado acumulativo de una serie de acciones deliberadas y persistentes.

En el núcleo de esta cita está la idea de que los logros significativos no se producen de la noche a la mañana, sino que se construyen gradualmente a través de la repetición constante de esfuerzos pequeños pero significativos. Esta filosofía resalta la necesidad de adoptar una mentalidad a largo plazo y la importancia de la disciplina diaria. El éxito, según esta perspectiva, se convierte en un hábito cultivado mediante la dedicación constante y la superación de desafíos diarios. Requiere perseverancia frente a contratiempos, aprendizaje continuo y la disposición de enfrentar tareas aparentemente insignificantes con determinación.

Además, la frase sugiere que cada pequeño esfuerzo contribuye de manera acumulativa al progreso general. No se trata solo de la magnitud de una acción individual, sino de la suma de todas las acciones realizadas de manera consistente. Esto resalta la importancia de la tenacidad y la resistencia a lo largo del tiempo. En un contexto más amplio, la cita también destaca la necesidad de establecer metas claras y realizar un seguimiento constante del progreso. La reflexión diaria sobre los esfuerzos realizados permite ajustar y mejorar continuamente el enfoque, garantizando que cada día contribuya de manera efectiva al éxito final.

En resumen, la frase resalta la naturaleza acumulativa del éxito, enfatizando que cada pequeño esfuerzo diario es una pieza crucial en la construcción de resultados significativos a largo plazo. Al adoptar una mentalidad de consistencia y dedicación continua, se establece un camino sólido hacia el éxito, demostrando que el logro sostenible es el resultado de una serie constante de acciones bien ejecutadas a lo largo del tiempo.

Acción Sugerida: ¿Qué actividades desarrollas cada día que fortalezcan hábitos de liderazgo?

"LA VERDADERA MEDIDA DEL LIDERAZGO ES LA INFLUENCIA, NADA MÁS, NADA MENOS." - JOHN C. MAXWELL

La afirmación "La verdadera medida del liderazgo es la influencia, nada más, nada menos" encapsula la esencia fundamental de lo que significa ser un líder efectivo. Desde mi perspectiva como experto en liderazgo, esta frase destaca la importancia crítica de evaluar la capacidad de un líder para impactar y guiar a otros.

En el corazón de esta declaración yace la idea de que el liderazgo no se define por títulos, jerarquías o posesiones, sino por la capacidad de inspirar y motivar a quienes están a su cargo. La influencia es la moneda de cambio del líder, y su verdadera medida se encuentra en el impacto positivo que tiene en las personas y en la consecución de objetivos compartidos. La influencia efectiva, según esta perspectiva, va más allá de la simple autoridad formal; implica la capacidad de generar respeto, confianza y admiración. Un líder influyente es capaz de inspirar la lealtad y el compromiso, lo que se traduce en un equipo cohesionado y motivado. Además, esta capacidad de influencia se refleja en la capacidad del líder para articular una visión convincente y movilizar a otros hacia su realización.

La frase también sugiere que la influencia no es estática, sino dinámica y en constante evolución. Se construye a lo largo del tiempo a través de la consistencia en el comportamiento, la toma de decisiones éticas y la empatía hacia los demás. Un líder influyente es aquel que puede adaptarse a diferentes situaciones y desafíos, manteniendo su capacidad para inspirar y motivar en diversas circunstancias. En última instancia, la medida del liderazgo, según esta perspectiva, se encuentra en la huella que deja en las personas y en la organización en su conjunto. Un líder que ejerce una influencia positiva crea un legado duradero, dejando un impacto perdurable en la cultura y el rendimiento del equipo. La calidad de la influencia, medida por el desarrollo personal y profesional de los liderados, se convierte en el criterio definitivo para evaluar la eficacia del liderazgo.

En resumen, la frase destaca que la esencia del liderazgo se encuentra en la capacidad de influir en otros de manera positiva. Más allá de cualquier otra métrica, la medida real del liderazgo radica en la fuerza y la calidad de la influencia que un líder ejerce sobre quienes lo rodean. Nada más, nada menos.

Acción Sugerida: Hacer una lista de tus atributos que resulten inspiradores a las otras personas.

"LA ÚNICA FORMA DE HACER UN GRAN TRABAJO ES AMAR LO QUE HACES." - STEVE JOBS

La afirmación "La única forma de hacer un gran trabajo es amar lo que haces" resalta la conexión intrínseca entre la pasión y la excelencia en el desempeño laboral. Desde mi perspectiva como experto, esta frase enfatiza que el amor y la dedicación hacia la tarea desempeñan un papel fundamental en la consecución de resultados notables. La idea de que la verdadera satisfacción y el rendimiento excepcional provienen de una profunda conexión emocional con el trabajo. La pasión impulsa la creatividad, la perseverancia y el deseo constante de mejora, elementos esenciales para alcanzar la grandeza en cualquier campo. La relación entre el amor por la labor y el rendimiento sobresaliente se manifiesta en varias formas. En primer lugar, la pasión fomenta la dedicación a la maestría y el perfeccionamiento de habilidades. Quienes aman lo que hacen no ven sus tareas como simples obligaciones, sino como oportunidades para crecer y sobresalir. Asimismo, la frase sugiere que la conexión emocional con el trabajo impulsa la innovación. Aquellos que sienten una profunda afinidad por lo que hacen están más propensos a pensar de manera creativa, a asumir riesgos calculados y a encontrar soluciones originales a los desafíos. La motivación intrínseca derivada del amor por la tarea también tiene un impacto positivo en la resistencia frente a las dificultades. En lugar de ver los obstáculos como barreras insuperables, aquellos que aman su trabajo ven en cada desafío una oportunidad para aprender y crecer. Además, la frase sugiere que el amor por la tarea contribuye significativamente a la satisfacción laboral y al bienestar general. La realización personal derivada de hacer lo que se ama se traduce en un compromiso más profundo y duradero, generando un círculo virtuoso de rendimiento y bienestar.

En resumen, la afirmación resalta que el ingrediente clave para realizar un gran trabajo es la pasión. Amar lo que haces no solo mejora la calidad de tu labor, sino que también influye en la forma en que enfrentas desafíos, te comprometes con tus responsabilidades y te relacionas con tus colegas. La conexión emocional con el trabajo no solo es un catalizador para el rendimiento excepcional, sino también un componente esencial para la satisfacción y el significado en la vida profesional.

<u>Acción Sugerida:</u> ¿Amas tu trabajo o proyecto de vida? Haz una lista del Plus y Deltas de manera sincera y reflexiva, y encontrarás respuestas.

"EL CAMBIO ES LA LEY DE LA VIDA. Y AQUELLOS QUE SOLO MIRAN AL PASADO O AL PRESENTE ESTÁN SEGUROS DE PERDER EL FUTURO." - JOHN F. KENNEDY

La afirmación "El cambio es la ley de la vida. Y aquellos que solo miran al pasado o al presente están seguros de perder el futuro" encapsula la esencia dinámica de la existencia y destaca la importancia de la adaptabilidad en la vida y en el desarrollo personal. Desde mi perspectiva como experto, esta frase resalta la necesidad de abrazar el cambio como una constante, reconociendo que la evolución es esencial para el progreso y el éxito a largo plazo. En el núcleo de esta declaración está la idea de que la vida, al igual que el entorno que nos rodea, está en constante transformación. Aquellos que resisten al cambio o se aferran al pasado corren el riesgo de quedarse rezagados y perder oportunidades de crecimiento y desarrollo.

La frase sugiere que la capacidad de adaptarse y mirar hacia el futuro es crucial para enfrentar los desafíos en un mundo en constante cambio. Aquellos que solo se enfocan en el pasado o el presente pueden perder de vista las oportunidades emergentes y las posibilidades de mejora continua. El cambio, según esta perspectiva, no debe temerse, sino abrazarse como una fuerza que impulsa la innovación y el progreso. Aquellos que se acomodan en la complacencia o se aferran a lo conocido pueden quedar atrapados en la obsolescencia, mientras que aquellos que abrazan el cambio tienen la capacidad de adaptarse, aprender y evolucionar. Además, la afirmación destaca la importancia de la visión hacia el futuro. Mirar más allá del presente implica la capacidad de anticipar tendencias, identificar oportunidades emergentes y prepararse para los desafíos que el futuro pueda presentar. La visión futura es esencial para la toma de decisiones informadas y estratégicas.

En resumen, la frase resalta que el cambio es intrínseco a la vida y, por lo tanto, la resistencia a adaptarse puede llevar a perder oportunidades y a quedarse rezagado. Aquellos que solo miran al pasado pueden perder la oportunidad de prepararse para un futuro en constante evolución.

Acción Sugerida: ¿Cómo está mi elasticidad a los cambios? Analiza y escribirlo.

"LA EFICIENCIA ES HACER LAS COSAS BIEN; LA EFICACIA ES HACER LAS COSAS CORRECTAS." - PETER DRUCKER

La famosa cita de Peter Drucker, "La eficiencia es hacer las cosas bien; la eficacia es hacer las cosas correctas", ofrece una perspectiva esclarecedora sobre la gestión y la toma de decisiones. Desde mi punto de vista como experto, esta afirmación resalta la distinción crucial entre eficiencia y eficacia, dos conceptos fundamentales en el logro de resultados sobresalientes en cualquier ámbito.

La idea de que la eficiencia se centra en la ejecución competente y en la optimización de los procesos. Hacer las cosas bien implica realizar tareas con la menor cantidad de recursos posibles, minimizando los costos y maximizando la productividad. La eficiencia se orienta hacia la mejora de los métodos y la eliminación de desperdicios, buscando la máxima salida con el menor esfuerzo. Por otro lado, la eficacia se dirige a la elección acertada de las actividades a realizar. Hacer las cosas correctas implica alinearse con los objetivos y metas estratégicas. La eficacia se relaciona con la capacidad de tomar decisiones informadas, priorizar tareas significativas y garantizar que las acciones emprendidas estén alineadas con los resultados deseados. La distinción entre eficiencia y eficacia, según esta perspectiva, es crucial para el éxito sostenible de una organización o individuo. Una entidad puede ser eficiente en ejecutar tareas, pero si esas tareas no contribuyen significativamente a los objetivos generales, la eficacia está comprometida. La verdadera excelencia se encuentra en la armonización equilibrada de ambas dimensiones: hacer las cosas bien y hacer las cosas correctas. Además, la cita destaca que la eficacia precede a la eficiencia. Antes de optimizar los procesos, es esencial asegurarse de que se estén llevando a cabo las actividades más pertinentes y estratégicas. Una organización o individuo eficaz establece prioridades claras y se enfoca en los resultados fundamentales antes de buscar la mejora de la ejecución.

En resumen, la frase de Peter Drucker enfatiza la importancia de equilibrar eficiencia y eficacia en la búsqueda del éxito. Hacer las cosas bien y hacer las cosas correctas son dos aspectos interdependientes que, cuando se integran de manera inteligente, conducen a un rendimiento excepcional y sostenible en el cumplimiento de metas y objetivos.

Acción Sugerida: Hacer un listado de lo que estoy haciendo correcto y de lo que no me agrega valor.

"EL TRABAJO EN EQUIPO ES LA CAPACIDAD DE TRABAJAR JUNTOS HACIA UNA VISIÓN COMÚN. LA HABILIDAD DE DIRIGIR LOS LOGROS INDIVIDUALES HACIA OBJETIVOS ORGANIZACIONALES. ES EL COMBUSTIBLE QUE PERMITE A LA GENTE COMÚN OBTENER RESULTADOS POCO COMUNES." - ANDREW CARNEGIE

La afirmación "El trabajo en equipo es la capacidad de trabajar juntos hacia una visión común. La habilidad de dirigir los logros individuales hacia objetivos organizacionales. Es el combustible que permite a la gente común obtener resultados poco comunes" destaca la importancia central del trabajo colaborativo en el contexto organizacional.

Desde mi perspectiva como experto en gestión y liderazgo, esta cita resalta la sinergia que surge cuando los individuos combinan sus habilidades y esfuerzos en pos de un objetivo compartido. En el núcleo de esta declaración yace la idea de que el trabajo en equipo va más allá de la simple cooperación; implica la alineación de esfuerzos individuales hacia una visión colectiva. La colaboración efectiva se fundamenta en la comprensión y aceptación de metas organizacionales, lo que requiere la habilidad de integrar logros individuales en un tapiz más amplio de éxito organizativo.

La metáfora del trabajo en equipo como combustible sugiere que esta colaboración dinámica impulsa un rendimiento excepcional. Cuando los esfuerzos individuales se coordinan y complementan entre sí, se genera una energía sinérgica que va más allá de lo que individuos aislados podrían lograr. El trabajo en equipo potencia la creatividad, la innovación y la resolución de problemas, permitiendo alcanzar resultados extraordinarios.

La frase también resalta el papel esencial del liderazgo en la facilitación del trabajo en equipo. La habilidad de dirigir los logros individuales hacia objetivos organizacionales implica guiar, inspirar y coordinar los esfuerzos del equipo. Un líder efectivo fomenta un ambiente donde cada miembro se siente valorado y contribuye de manera significativa a la visión común.

Además, la afirmación subraya que el trabajo en equipo es una fuerza niveladora que permite a personas ordinarias lograr resultados excepcionales. La diversidad de habilidades y perspectivas en un equipo bien equilibrado amplía las capacidades colectivas, abriendo el camino para soluciones y logros que trasciendan las capacidades individuales.

En resumen, la cita destaca que el trabajo en equipo es una fuerza poderosa que impulsa el rendimiento extraordinario en el ámbito organizacional. Al colaborar hacia una visión común y alinear los logros individuales con metas organizacionales, los equipos efectivos se convierten en el motor que impulsa el éxito, permitiendo que individuos comunes alcancen resultados extraordinarios.

Acción Sugerida: ¿Qué elementos te hacen pensar que trabajas correctamente en equipo y que diriges de manera adecuada? Escríbelo y analiza los elementos presentes y también los ausentes.

"LA CLAVE DE UN LIDERAZGO EXITOSO HOY ES LA INFLUENCIA, NO LA AUTORIDAD." - KENNETH BLANCHARD

La afirmación "La clave de un liderazgo exitoso hoy es la influencia, no la autoridad" resalta la transformación en las dinámicas de liderazgo en la era contemporánea. Desde mi perspectiva como experto en liderazgo, esta cita subraya que la capacidad de influir positivamente en otros, más que depender de la autoridad formal, es esencial para liderar con éxito en un mundo dinámico y diverso. En el núcleo de esta declaración yace la idea de que el liderazgo efectivo va más allá de simplemente ejercer control y dar órdenes. En la actualidad, la influencia se erige como una moneda de cambio más valiosa, ya que implica ganarse el respeto y la confianza de los demás mediante la inspiración y la conexión interpersonal. La cita sugiere que el líder exitoso es aquel que tiene la capacidad de influir en el pensamiento y las acciones de los demás de manera positiva, alineando sus esfuerzos con una visión compartida. La influencia efectiva se basa en la empatía, la comunicación clara y la capacidad de motivar a través de la inspiración, creando un entorno donde los miembros del equipo se sientan valorados y comprometidos.

La distinción entre autoridad e influencia es particularmente relevante en entornos de trabajo modernos, donde la colaboración y la diversidad son cada vez más valoradas. La autoridad basada únicamente en jerarquías puede no ser suficiente para liderar equipos heterogéneos y creativos. En cambio, la influencia permite que el liderazgo trascienda las barreras formales y se construya sobre la base de relaciones sólidas y colaborativas. Además, la afirmación destaca que la influencia efectiva se basa en la autenticidad y la integridad. Los líderes que actúan con transparencia y coherencia, y que demuestran un compromiso genuino con el bienestar del equipo, son más propensos a ganar la confianza y la lealtad de quienes los rodean.

En resumen, la cita resalta que la clave del liderazgo exitoso en la actualidad reside en la capacidad de influir, no en el ejercicio unilateral de la autoridad. Al enfocarse en construir relaciones sólidas, comunicarse de manera efectiva y ser un agente inspirador, los líderes pueden generar un impacto duradero y positivo en sus equipos, contribuyendo así al logro de metas colectivas y al desarrollo sostenible de la organización.

Acción Sugerida: ¿Qué tanto influyes en los demás? Analízalo.

"EL MAYOR LOGRO FUE, AL PRINCIPIO, Y DESPUÉS DE TODO, EL HECHO DE QUE ALGUIEN PENSARA EN HACER ALGO." - THOMAS EDISON

La afirmación "El mayor logro fue, al principio, y después de todo, el hecho de que alguien pensara en hacer algo" resalta la importancia fundamental de la creatividad y la iniciativa en el proceso de creación y consecución de objetivos. Desde mi perspectiva como experto, esta cita enfatiza que todo logro significativo tiene sus raíces en la concepción inicial de una idea y la voluntad de llevarla a cabo. En el núcleo de esta declaración yace la idea de que el acto de pensar en hacer algo es el catalizador que desencadena todo el proceso de logro. La chispa inicial de la creatividad, la visión y la determinación es lo que impulsa a las personas a superar obstáculos, a perseguir metas desafiantes y a transformar las ideas en realidades tangibles.

La cita sugiere que la voluntad de tomar acción, de pasar de la contemplación a la ejecución, es esencial para el progreso y el éxito. El pensar en hacer algo puede ser el primer paso, pero el compromiso y la acción son los elementos que transforman una idea en un logro tangible. Este proceso refuerza la idea de que la innovación y la ejecución van de la mano para lograr resultados.

Además, la afirmación resalta que cada logro, independientemente de su magnitud, tiene sus raíces en el acto de pensar en hacer algo. Este reconocimiento pone en relieve la importancia de valorar las ideas y la creatividad como el punto de partida esencial para cualquier forma de éxito o progreso.

En resumen, la cita destaca que el mayor logro no solo se encuentra en el resultado final, sino en el proceso inicial de pensar en hacer algo. La creatividad, la innovación y la determinación de convertir las ideas en acción son los elementos clave que impulsan el éxito y el progreso en cualquier esfuerzo humano. El reconocimiento de la importancia de ese primer paso mental subraya la relevancia crucial de la imaginación y la iniciativa en el logro de metas y la materialización de aspiraciones.

<u>Acción Sugerida</u>: Reflexionar y analizar que aspectos de tu vida ha sido producto de aquel impulso, creación de algo, ya sea algo nuevo, procesos mejorados por ti o iniciativas llevadas a cabo con éxito.

"LA GESTIÓN ES EFICIENCIA EN EL ESCALÓN DE LA ESCALERA HACIA EL ÉXITO; EL LIDERAZGO DETERMINA SI LA ESCALERA ESTÁ APOYADA CONTRA LA PARED CORRECTA." - STEPHEN R. COVEY

La afirmación "La gestión es eficiencia en el escalón de la escalera hacia el éxito; el liderazgo determina si la escalera está apoyada contra la pared correcta" ofrece una perspectiva profunda sobre la diferencia fundamental entre la gestión y el liderazgo en el logro de metas y objetivos. Desde mi punto de vista como experto en gestión y liderazgo, esta cita destaca la importancia de la dirección estratégica y la toma de decisiones fundamentales. En el núcleo de esta declaración yace la idea de que la gestión, representada por la eficiencia en la ejecución de tareas y procesos, es un componente esencial en el camino hacia el éxito. La eficiencia en la gestión implica la optimización de recursos, la planificación detallada y la ejecución eficaz, asegurando que los escalones de la escalera se suban de manera ordenada y sin desperdicio. Sin embargo, la cita sugiere que la gestión por sí sola no garantiza el éxito sostenible. La adición clave es el liderazgo, que va más allá de la eficiencia en la ejecución y se centra en la determinación de la dirección estratégica. Es el líder quien decide si la escalera está apoyada contra la pared correcta, es decir, si las acciones y esfuerzos están alineados con los objetivos y la visión a largo plazo de la organización. El liderazgo, según esta perspectiva, implica la capacidad de inspirar, motivar y tomar decisiones que impacten positivamente en el rumbo general. Es el líder quien establece el marco conceptual y asegura que la eficiencia en la gestión se traduzca en progreso significativo hacia metas y aspiraciones más amplias. La metáfora de la escalera apoyada en la pared correcta destaca la importancia de la alineación estratégica. Un liderazgo efectivo no solo impulsa la eficiencia en la gestión, sino que también garantiza que cada paso dado conduzca en la dirección correcta. Esto implica la evaluación constante de la relevancia de las acciones en el contexto de los objetivos organizacionales.

En resumen, la cita subraya que tanto la gestión como el liderazgo son componentes esenciales en el camino hacia el éxito, pero desempeñan roles distintos. La gestión se enfoca en la eficiencia en la ejecución, mientras que el liderazgo determina la dirección estratégica y asegura que la escalera del progreso esté apoyada contra la pared correcta.

Acción Sugerida: ¿Estás apoyado en la pared correcta?

"LA ÚNICA MANERA DE HACER UN GRAN TRABAJO ES AMAR LO QUE HACES." - STEVE JOBS

La afirmación de Steve Jobs, "La única manera de hacer un gran trabajo es amar lo que haces", encapsula la conexión esencial entre la pasión y el logro de la excelencia laboral. Desde mi perspectiva como experto, esta frase destaca que el amor y la dedicación hacia la tarea desempeñan un papel crucial en la consecución de resultados excepcionales. En el núcleo de esta declaración yace la idea de que la verdadera realización y el rendimiento excepcional provienen de una profunda conexión emocional con el trabajo. Amar lo que haces no solo implica disfrutar de las tareas diarias, sino también sentir un compromiso más profundo y una conexión intrínseca con los objetivos y valores asociados con la labor.

La frase sugiere que cuando la pasión impulsa la acción, se desbloquea la creatividad y la motivación necesarias para superar desafíos y alcanzar estándares excepcionales. El amor por la tarea no solo mejora la calidad del trabajo, sino que también inspira un nivel de dedicación y perseverancia que va más allá de las expectativas convencionales. Además, la afirmación resalta la importancia de la satisfacción personal y la conexión emocional con el trabajo. El amor por lo que haces no solo contribuye a la excelencia profesional, sino que también fomenta un sentido de realización y significado en la vida cotidiana. Esta satisfacción personal puede tener un impacto positivo en la calidad de vida y el bienestar general. En un sentido más amplio, la cita también sugiere que el amor por la tarea contribuye a la innovación y al progreso. Aquellos que aman lo que hacen están más inclinados a buscar soluciones creativas, a asumir riesgos calculados y a contribuir con ideas originales que impulsan la mejora continua.

En resumen, la afirmación de Steve Jobs destaca que el ingrediente esencial para realizar un gran trabajo es la pasión. Amar lo que haces no solo mejora la calidad del trabajo, sino que también impulsa la innovación, la motivación intrínseca y una sensación de realización personal. Este enfoque, basado en la conexión emocional con la labor, no solo conduce a resultados excepcionales, sino que también enriquece la experiencia individual y profesional.

Acción Sugerida: ¿Qué tanto amas lo que haces? Reflexiona.

"EL TIEMPO NO ES ALGO QUE PUEDAS ADMINISTRAR. EL TIEMPO ES ALGO QUE TIENES QUE CONTROLAR." - STEPHEN R. COVEY

La afirmación "El tiempo no es algo que puedas administrar. El tiempo es algo que tienes que controlar" refleja una perspectiva valiosa sobre la gestión del tiempo y la importancia de asumir un papel activo en su utilización. Desde mi perspectiva como experto, esta cita destaca que, en lugar de ser un recurso pasivo, el tiempo requiere una dirección consciente y una toma de decisiones deliberada. En el núcleo de esta declaración yace la idea de que la gestión del tiempo va más allá de la simple administración. Administrar el tiempo implica realizar tareas de manera eficiente, pero controlar el tiempo implica tomar decisiones conscientes sobre cómo asignar recursos temporales a actividades prioritarias y significativas. La frase sugiere que, en lugar de ser víctima del tiempo, uno tiene la capacidad de controlar y dar forma a cómo se utiliza. La gestión efectiva del tiempo implica establecer prioridades, establecer metas claras y tomar decisiones informadas sobre cómo distribuir recursos temporales para maximizar la productividad y el logro de objetivos. Además, la afirmación destaca la importancia de la proactividad en la administración del tiempo. Controlar el tiempo implica anticiparse a las demandas y desafíos, planificar de manera estratégica y evitar caer en la trampa de la reactividad constante. Al ejercer control sobre el tiempo, se abre espacio para la reflexión, la planificación a largo plazo y la consecución de metas significativas.

En un contexto más amplio, la cita también sugiere que la relación con el tiempo es un factor clave en la gestión del estrés y el bienestar general. Aquellos que controlan su tiempo son más propensos a experimentar una sensación de control sobre sus vidas, reduciendo así la ansiedad relacionada con las demandas temporales.

En resumen, la afirmación resalta que el tiempo es un recurso valioso que debe ser controlado activamente en lugar de simplemente administrado. Al adoptar una actitud proactiva hacia la gestión del tiempo, se crea un espacio para la eficiencia, la reflexión y el logro de metas significativas. Controlar el tiempo es un acto deliberado que contribuye no solo a la productividad, sino también al bienestar y la sensación de satisfacción personal.

<u>Acción Sugerida</u>: Secciona tu tiempo, tu turno o el tiempo 24/7, con las actividades que agregan valor, tiempo para la creatividad y el tiempo consumido a reprocesos o trabajo retrasado. Luego analízalo.

"NO ENCUENTRES LA CULPA, ENCUENTRA UNA SOLUCIÓN." - HENRY FORD

La declaración de Henry Ford, "No encuentres la culpa, encuentra una solución", encapsula una filosofía pragmática y orientada a la acción ante los desafíos. Desde mi perspectiva como experto, esta frase destaca la importancia de abordar los problemas con una mentalidad proactiva, centrada en encontrar soluciones prácticas en lugar de buscar culpables. En el núcleo de esta afirmación yace la idea de que la energía y el tiempo invertidos en culpar a otros por los problemas pueden ser más efectivamente utilizados para identificar y aplicar soluciones. En lugar de detenerse en la asignación de responsabilidades, la atención se dirige hacia la resolución efectiva de los desafíos presentes. La frase sugiere que aquellos que adoptan esta mentalidad están mejor equipados para superar obstáculos y avanzar. En lugar de quedar atrapados en la negatividad de la culpa, se centran en la acción constructiva, analizando activamente las situaciones y buscando vías prácticas para mejorar. Además, la afirmación resalta la importancia de la responsabilidad personal y la capacidad de influir en el curso de los acontecimientos.

Al asumir la responsabilidad de encontrar soluciones, se empodera a uno mismo para efectuar cambios positivos y contribuir activamente al éxito y la resolución de problemas.

En un contexto más amplio, la cita también enfatiza la importancia de la innovación y la creatividad en la búsqueda de soluciones. Aquellos que adoptan la mentalidad de encontrar soluciones están más inclinados a pensar de manera creativa, a explorar nuevas perspectivas y a proponer enfoques innovadores para superar desafíos.

En resumen, la afirmación de Henry Ford subraya la necesidad de centrarse en soluciones en lugar de culpas. Al adoptar esta mentalidad, se fomenta un ambiente de resolución de problemas efectiva, donde la atención se dirige hacia la mejora continua y la búsqueda de resultados prácticos. La capacidad de encontrar soluciones, en lugar de asignar culpas, se convierte en un motor para el progreso y el éxito en la superación de desafíos.

Acción Sugerida: ¿Cuántas veces has culpado a otros por los reprocesos o errores sucedidos? Analiza que hiciste para haber cambiado los resultados.

"EL ARTE DE LA COMUNICACIÓN ES EL LENGUAJE DEL LIDERAZGO." - JAMES HUMES

La afirmación "El arte de la comunicación es el lenguaje del liderazgo" destaca la importancia crítica de la habilidad comunicativa en el ejercicio efectivo del liderazgo. Desde mi perspectiva como experto, esta frase resalta que la capacidad de comunicarse de manera clara, persuasiva y empática es esencial para inspirar, guiar y movilizar a otros hacia metas comunes.

En el núcleo de esta declaración yace la idea de que el liderazgo eficaz no solo implica tener una visión clara, sino también la capacidad de transmitirla de manera que resuene con los demás. El arte de la comunicación, en este contexto, implica la habilidad para conectar con la audiencia, transmitir mensajes de manera convincente y adaptar el enfoque comunicativo según las necesidades y características del equipo.

La frase sugiere que la comunicación efectiva es el medio a través del cual se ejerce la influencia y se construyen relaciones sólidas. Un líder que domina el arte de la comunicación puede inspirar confianza, generar motivación y construir un sentido de pertenencia dentro del equipo. Además, la comunicación clara y transparente fomenta la comprensión mutua y reduce la ambigüedad, aspectos esenciales para el éxito organizacional.

Además, la afirmación destaca que el lenguaje del liderazgo va más allá de las palabras. Incluye la habilidad para escuchar de manera activa, interpretar el lenguaje no verbal y adaptar el mensaje según el contexto.

La comunicación efectiva implica una interacción dinámica que se ajusta a las necesidades específicas de la situación y de quienes forman parte del equipo. En un sentido más amplio, la cita también subraya que el liderazgo y la comunicación están intrínsecamente vinculados. Un líder eficaz debe ser un comunicador hábil, capaz de articular una visión inspiradora, motivar a otros y gestionar las complejidades de las relaciones interpersonales.

En resumen, la afirmación resalta que la comunicación es el medio a través del cual se ejerce el liderazgo. El arte de la comunicación no solo radica en las palabras utilizadas, sino en la capacidad de transmitir ideas, inspirar confianza y construir conexiones significativas.

En la práctica del liderazgo, el lenguaje efectivo se convierte en la herramienta principal para construir equipos cohesionados y alcanzar metas compartidas.

Acción Sugerida: ¿Comunicas e inspiras correctamente? Analiza desde una perspectiva reflexiva y global.

"LA PLANIFICACIÓN A LARGO PLAZO NO ES PENSAR EN LAS DECISIONES FUTURAS, SINO EN EL FUTURO DE LAS DECISIONES PRESENTES." - PETER DRUCKER

La afirmación "La planificación a largo plazo no es pensar en las decisiones futuras, sino en el futuro de las decisiones presentes" encapsula una perspectiva perspicaz sobre la importancia de las elecciones actuales en la construcción de un futuro sólido y sostenible. Desde mi perspectiva como experto, esta frase destaca que la planificación estratégica implica no solo anticipar eventos futuros, sino también considerar cuidadosamente el impacto de las decisiones actuales en ese escenario por venir.

En el núcleo de esta declaración yace la idea de que cada decisión presente sienta las bases para el futuro. La planificación a largo plazo implica no solo mirar hacia adelante en el tiempo, sino también entender que el camino hacia el futuro se construye con las elecciones y acciones del presente. Cada decisión actual moldea la trayectoria y define las posibilidades que se abrirán o cerrarán en el futuro.

La frase sugiere que la planificación estratégica implica un enfoque integral que considera las implicaciones a largo plazo de cada elección. No se trata solo de cumplir con objetivos inmediatos, sino de tomar decisiones conscientes que, alineadas con una visión a largo plazo, contribuyan al desarrollo sostenible y al logro de metas más amplias. Además, la afirmación destaca la importancia de la responsabilidad y la toma de decisiones informadas en el presente. Cada elección, por pequeña que sea, puede tener un impacto acumulativo en el camino hacia el futuro.

La atención a la calidad y a la alineación con metas a largo plazo se convierte en un aspecto crucial de la toma de decisiones estratégicas. En un contexto más amplio, la cita también sugiere que la planificación a largo plazo requiere una comprensión profunda de las interconexiones entre las decisiones presentes y el panorama futuro. La capacidad de prever las ramificaciones a largo plazo de las elecciones actuales es esencial para desarrollar estrategias robustas y adaptativas.

En resumen, la afirmación resalta que la planificación a largo plazo implica considerar el futuro no solo como un destino lejano, sino como el resultado natural de las decisiones presentes. Al reconocer el poder de las elecciones actuales en la construcción del mañana, se fomenta una mentalidad estratégica que busca la coherencia, la responsabilidad y la alineación con metas a largo plazo en cada paso del camino.

Acción Sugerida: De todos los planes ¿Cuál es la adherencia media de tus planificaciones? ¿Cuántos planes que ejecutas, se adhieren a un pleno control cumplimiento de las actividades operativas como estratégicas?

"NO PUEDES MEJORAR LO QUE NO PUEDES MEDIR." - PETER DRUCKER

La afirmación de Peter Drucker, "No puedes mejorar lo que no puedes medir", destaca la importancia fundamental de la medición y evaluación en el proceso de mejora continua. Desde mi perspectiva como experto, esta frase resalta que la comprensión cuantitativa y cualitativa de los procesos y resultados es esencial para implementar cambios positivos y alcanzar niveles superiores de eficiencia y efectividad.

En el núcleo de esta declaración yace la idea de que la mejora requiere una base sólida de datos y análisis. Sin mediciones claras y evaluaciones objetivas, la capacidad de identificar áreas de oportunidad, seguir el progreso y tomar decisiones informadas se ve limitada. La medición proporciona el contexto necesario para comprender el rendimiento actual y determinar la efectividad de las estrategias implementadas.

La frase sugiere que el proceso de mejora está intrínsecamente vinculado a la capacidad de cuantificar y cualificar los elementos relevantes. La medición no solo permite identificar debilidades y deficiencias, sino que también facilita la identificación de mejores prácticas y áreas donde las intervenciones pueden tener el mayor impacto.

Además, la afirmación resalta la importancia de establecer indicadores clave de rendimiento (KPI) y métricas relevantes para evaluar el progreso. Estos instrumentos de medición proporcionan una base objetiva para evaluar la efectividad de las iniciativas y facilitan la toma de decisiones basada en datos. En un sentido más amplio, la cita también sugiere que la cultura de la mejora continua se fortalece cuando la medición se convierte en una práctica arraigada en la organización. La capacidad de medir y evaluar se vuelve parte integral de la mentalidad y las operaciones diarias, contribuyendo así a la adaptabilidad y al aprendizaje organizacional.

En resumen, la afirmación destaca que la mejora continua está directamente vinculada a la capacidad de medir y evaluar el rendimiento. La medición proporciona la información necesaria para tomar decisiones fundamentadas, identificar oportunidades de mejora y ajustar estrategias según sea necesario. En este enfoque, la práctica constante de la medición se convierte en un catalizador para el crecimiento y la eficiencia sostenible en cualquier contexto organizativo.

Acción Sugerida: Cuantas veces queremos mejorar algo sin siquiera detenernos a ver, si podemos medirlo, analizarlo y actuar frente aquello. Trabaja en aquello.

"LA MEJOR FORMA DE PREDECIR EL FUTURO ES CREARLO." - PETER DRUCKER

La afirmación "La mejor forma de predecir el futuro es crearlo" destaca la importancia de la acción proactiva y la capacidad de influir en el rumbo de los eventos. Desde mi perspectiva como experto, esta frase resalta que, en lugar de ser pasivos espectadores de lo que vendrá, tenemos el poder de dar forma activa al futuro a través de nuestras elecciones y acciones presentes.

En el núcleo de esta declaración yace la idea de que la creación del futuro implica una toma de decisiones consciente y dirigida hacia metas específicas. En lugar de depender únicamente de las circunstancias externas, la frase sugiere que nuestra capacidad para moldear el futuro radica en nuestras acciones y en la construcción deliberada de un camino hacia los resultados deseados. La afirmación resalta la importancia de la proactividad y la toma de iniciativas. En lugar de simplemente reaccionar a las condiciones existentes, se nos anima a ser agentes de cambio, a definir objetivos y a trabajar activamente para materializarlos. La mentalidad creadora implica asumir la responsabilidad y buscar oportunidades incluso en medio de los desafíos.

Además, la frase destaca que la creación del futuro es un proceso continuo que requiere adaptabilidad y aprendizaje constante. A medida que avanzamos hacia nuestras metas, la capacidad de ajustar estrategias según las circunstancias cambiantes se convierte en un aspecto fundamental. La creación del futuro implica una combinación de visión a largo plazo y flexibilidad para responder a las dinámicas del entorno. En un sentido más amplio, la cita también sugiere que aquellos que lideran el cambio y la innovación son quienes mejor comprenden y aplican esta filosofía.

En resumen, la afirmación resalta que no somos meros observadores del futuro, sino arquitectos activos de nuestro destino. La creación del futuro implica la toma de decisiones conscientes, la acción proactiva y la adaptabilidad continua. En este enfoque, se reconoce y se ejerce el poder de influir en los acontecimientos, transformando la visión del futuro en una realidad construida a través de nuestras elecciones y esfuerzos presentes.

Acción Sugerida: ¿En que hemos sido arquitectos de nuestro futuro? Analiza y reflexiona, nunca es tarde para crear nuevas realidades. Al crear el futuro, se generan nuevas posibilidades como organizacional.

"NO ES QUE TENGAMOS POCO TIEMPO, SINO QUE PERDEMOS MUCHO." – SÉNECA

La afirmación "No es que tengamos poco tiempo, sino que perdemos mucho" destaca la importancia de la gestión efectiva del tiempo y la conciencia sobre cómo utilizamos este recurso finito en nuestras vidas. Desde mi perspectiva como experto, esta frase resalta que a menudo la escasez de tiempo percibida no se debe a la falta real de horas, sino a una utilización ineficiente o no reflexiva de este recurso valioso.

En el núcleo de esta declaración yace la idea de que la percepción de no tener suficiente tiempo a menudo se deriva de la falta de priorización y enfoque en las actividades esenciales. La frase sugiere que la clave no está en cuánto tiempo tenemos, sino en cómo elegimos emplearlo y qué valor le asignamos a nuestras acciones diarias. La afirmación resalta la importancia de la reflexión y la planificación en la gestión del tiempo. Al ser conscientes de nuestras prioridades y metas, podemos asignar tiempo de manera más estratégica y evitar la pérdida de tiempo en actividades que no contribuyen significativamente a nuestros objetivos. Además, la frase sugiere que la pérdida de tiempo puede estar vinculada a hábitos o comportamientos no productivos. La procrastinación, la falta de enfoque y la participación en actividades triviales pueden contribuir a una sensación de escasez de tiempo, aun cuando las horas disponibles sean adecuadas. En un sentido más amplio, la cita también invita a una reflexión sobre la importancia de la eficiencia y la efectividad en nuestras vidas. Al reconocer que el tiempo es un recurso valioso y limitado, se nos anima a ser más conscientes de nuestras elecciones y a priorizar actividades que alineen con nuestros valores y metas. En resumen, la afirmación destaca que la percepción de tener poco tiempo puede ser resultado de una gestión ineficiente o desenfocada de este recurso. La reflexión, la priorización y la toma de decisiones conscientes son clave para maximizar el tiempo disponible y evitar la sensación de pérdida. Enfocarse en actividades significativas y eliminar hábitos que consumen tiempo de manera improductiva son pasos fundamentales para aprovechar al máximo este recurso valioso.

<u>Acción Sugerida</u>: Segmenta tu tiempo en actividades que resuelves y se hacen mejoras, y el tiempo que se ocupa en responder mails o tareas atrasadas. Identifica el porcentaje de tiempo que dedicas a la imaginación y creación de nuevas soluciones.

"LA MAYOR RECOMPENSA POR HACER BIEN ALGO ES HABERLO HECHO." – VOLTAIRE

La afirmación "La mayor recompensa por hacer bien algo es haberlo hecho" de Voltaire destaca la satisfacción intrínseca y la realización personal derivada de realizar una tarea con excelencia. Desde mi perspectiva como experto, esta frase resalta la idea de que la verdadera gratificación proviene no solo del resultado final, sino del proceso y del compromiso personal con la calidad. En el núcleo de esta declaración yace la idea de que la recompensa principal proviene del acto mismo de hacer bien algo. La sensación de logro, el esfuerzo invertido y la dedicación al detalle son fuentes de satisfacción que van más allá de cualquier reconocimiento externo. La frase sugiere que la verdadera recompensa está arraigada en el sentido de cumplimiento que se experimenta al realizar una tarea de manera excepcional.

La afirmación resalta la importancia de la calidad y el compromiso en la ejecución de las tareas. En lugar de buscar recompensas externas o validación, Voltaire destaca que el acto de hacer bien algo en sí mismo proporciona una satisfacción duradera y una sensación de propósito cumplido.

Además, la frase sugiere que la realización personal y la autoestima son elementos cruciales en la evaluación del éxito. La autenticidad en el esfuerzo, la integridad en la ejecución y la satisfacción derivada de hacer algo bien contribuyen a una sensación duradera de logro que trasciende cualquier reconocimiento externo. En un sentido más amplio, la cita también invita a reflexionar sobre la importancia de la autoevaluación y la autoaceptación. Reconocer y apreciar el esfuerzo y la excelencia personal, independientemente de las opiniones externas, se convierte en una fuente sólida de motivación y gratificación continua.

En resumen, la afirmación destaca que la mayor recompensa proviene de la realización personal al hacer bien algo. La excelencia en la ejecución, el esfuerzo dedicado y la satisfacción intrínseca derivada de la tarea bien realizada son elementos que enriquecen la experiencia humana y contribuyen a una sensación duradera de logro y propósito.

Acción Sugerida: ¿Te sientes realizado? Reflexiona.

"LO QUE NO SE DEFINE, NO SE PUEDE MEDIR. LO QUE NO SE MIDE, NO SE PUEDE MEJORAR." - WILLIAM THOMSON, LORD KELVIN

La afirmación "Lo que no se define, no se puede medir. Lo que no se mide, no se puede mejorar" de William Thomson, Lord Kelvin, destaca la importancia crucial de la claridad conceptual y la evaluación cuantitativa en el proceso de mejora continua. Desde mi perspectiva como experto, esta frase resalta que la definición clara de objetivos y la medición sistemática son fundamentales para lograr avances significativos y sostenibles en cualquier campo. En el núcleo de esta declaración yace la idea de que la primera etapa para mejorar cualquier aspecto es tener una comprensión precisa y clara de lo que se está tratando de lograr. La definición de metas y objetivos proporciona el marco conceptual necesario para orientar los esfuerzos y establecer parámetros claros para la evaluación. La frase sugiere que, una vez que se han establecido metas y objetivos, la medición se convierte en el siguiente paso crucial. La capacidad de cuantificar y evaluar de manera objetiva el progreso hacia estos objetivos permite identificar áreas de oportunidad, evaluar la efectividad de las estrategias y realizar ajustes informados para la mejora continua.

Además, la afirmación destaca la relación inseparable entre la definición, la medición y la mejora. La falta de claridad en los objetivos o la ausencia de mediciones precisas pueden obstaculizar significativamente la capacidad de realizar mejoras efectivas. La retroalimentación cuantitativa facilita la toma de decisiones informada y proporciona una base sólida para los esfuerzos de optimización. En un sentido más amplio, la cita también sugiere que la cultura de la mejora continua se fortalece cuando la definición y la medición se convierten en prácticas arraigadas en la operación diaria. La transparencia en los objetivos y la atención constante a las mediciones son componentes clave de un enfoque organizativo comprometido con el crecimiento y la eficiencia.

En resumen, la afirmación destaca que la definición clara de objetivos y la medición sistemática son pilares esenciales para la mejora continua. La comprensión precisa y cuantitativa de lo que se busca lograr proporciona la base para la toma de decisiones informada y la identificación de áreas para optimizar y avanzar de manera significativa.

Acción Sugerida: "Ir, ver, medir, analizar y actuar" ¿Cuántas veces realizas aquello?

"LA CALIDAD ES HACER LAS COSAS BIEN CUANDO NADIE ESTÁ MIRANDO." - HENRY FORD

La expresión "La calidad es hacer las cosas bien cuando nadie está mirando" destaca la esencia intrínseca de la excelencia y la dedicación a la perfección incluso en ausencia de supervisión externa. Desde mi perspectiva como experto, esta frase resalta la idea de que la verdadera calidad no depende de la vigilancia externa, sino de la autoexigencia y el compromiso personal con los más altos estándares. En el núcleo de esta declaración yace la noción de que la calidad real se manifiesta cuando el individuo, motivado por un sentido interno de integridad y excelencia, se esfuerza por hacer su mejor trabajo en todo momento. La frase sugiere que la calidad perdurable va más allá de la apariencia externa y se arraiga en el deseo interno de realizar un trabajo excepcional, incluso en situaciones donde la observación externa no es evidente. La afirmación resalta la importancia de la responsabilidad personal y la ética profesional en la búsqueda de la calidad. Cuando la motivación para hacer las cosas bien proviene de la autoexigencia y el respeto por el trabajo, se establece una base sólida para la excelencia constante.

Además, la frase sugiere que la calidad auténtica es un reflejo de la integridad y el compromiso personal, incluso en situaciones donde la tentación de reducir estándares podría ser mayor. En este enfoque, la calidad se convierte en un estándar autoimpuesto que persiste independientemente de la supervisión externa. En un sentido más amplio, la cita también invita a reflexionar sobre la construcción de una cultura organizativa donde la calidad es una expectativa interna en lugar de simplemente una respuesta a la presión externa. Cuando cada individuo se esfuerza por hacer las cosas bien de manera intrínseca, se crea un entorno donde la excelencia es una parte fundamental de la identidad y las operaciones de la organización.

En resumen, la afirmación destaca que la verdadera calidad se manifiesta cuando la excelencia es una norma autoimpuesta, sin importar si alguien está observando. Este enfoque intrínseco hacia la calidad refleja la ética y el compromiso personal con la excelencia, contribuyendo a una cultura de mejora continua y a resultados superiores en cualquier contexto.

<u>Acción Sugerida</u>: ¿Tus acciones son las correctas y buscas hacer lo correcto para mejorar la calidad de tus procesos y actividades diarias? Analizarlo.

"EL ÉXITO NO ES DEFINITIVO, EL FRACASO NO ES FATAL: ES EL VALOR PARA CONTINUAR LO QUE CUENTA." - WINSTON CHURCHILL

La frase "El éxito no es definitivo, el fracaso no es fatal: es el valor para continuar lo que cuenta" de Winston Churchill resalta la importancia de la resiliencia y la determinación en el viaje hacia el logro personal. Desde mi perspectiva como experto, esta declaración subraya que tanto el éxito como el fracaso son partes inevitables de la vida, y es la capacidad de perseverar y seguir adelante lo que realmente marca la diferencia. En el núcleo de esta afirmación yace la noción de que el éxito no garantiza un estado permanente de triunfo, y el fracaso no debería ser visto como el fin del camino. Churchill enfatiza que la valentía para enfrentar desafíos, aprender de experiencias pasadas y continuar con determinación es la verdadera clave para el progreso sostenible. La frase sugiere que el éxito puede ser fugaz y que incluso los logros significativos no deben ser vistos como metas finales. Por otro lado, los fracasos no deben ser vistos como obstáculos insuperables, sino como oportunidades para aprender y crecer.

Además, la afirmación destaca la importancia de la mentalidad y la actitud en la búsqueda del éxito continuo. El coraje para persistir frente a las adversidades refleja una fortaleza interna y una capacidad de adaptación que son fundamentales para superar los desafíos a largo plazo. En un sentido más amplio, la cita también sugiere que la resiliencia y la determinación son esenciales para mantener una perspectiva positiva y constructiva a lo largo de la vida. El éxito y el fracaso son eventos temporales, pero la valentía para continuar es una cualidad perdurable que impulsa la búsqueda constante de objetivos y metas.

En resumen, la afirmación de Winston Churchill enfatiza que el éxito y el fracaso son partes intrínsecas de la experiencia humana, y lo que realmente cuenta es la valentía para continuar, aprender y perseverar. Esta perspectiva resalta la importancia de la resiliencia y la determinación como factores fundamentales para alcanzar el crecimiento personal y el éxito sostenible a lo largo del tiempo.

<u>Acción Sugerida</u>: Tu camino puede estar lleno de fracasos y éxitos, analiza cuál es el trazo que te ha llevado hasta donde estás y encontrarás respuestas.

"LA FORMA DE EMPEZAR ES DEJAR DE HABLAR Y COMENZAR A HACER." - WALT DISNEY

La declaración "La forma de empezar es dejar de hablar y comenzar a hacer" de Walt Disney subraya la importancia de la acción y la ejecución sobre las meras palabras. Desde mi perspectiva como experto, esta frase destaca la esencia de la iniciativa y la materialización de ideas a través de la acción directa.

En el núcleo de esta afirmación yace la noción de que el verdadero progreso se logra no a través de discusiones interminables o de la planificación excesiva, sino al comprometerse con la acción inmediata. Disney enfatiza que el primer paso hacia cualquier meta o proyecto es superar la inercia y empezar a trabajar. La frase sugiere que la parálisis por el análisis o la procrastinación pueden ser obstáculos significativos para el avance. En lugar de quedarse atascado en la fase de planificación, es crucial pasar a la acción y comenzar a implementar las ideas de inmediato.

Además, la afirmación destaca que el hacer está intrínsecamente vinculado a la materialización de resultados tangibles. La ejecución directa no solo impulsa el progreso real, sino que también proporciona valiosos aprendizajes y ajustes que son esenciales para el éxito continuo.

En un sentido más amplio, la cita también sugiere que la toma de acción rápida y decidida es un componente clave de la mentalidad emprendedora y del logro de metas. Aquellos que están dispuestos a dejar de hablar y comenzar a hacer son más propensos a superar desafíos y a experimentar el éxito.

En resumen, la afirmación de Walt Disney resalta que el acto de pasar a la acción es el catalizador necesario para el cambio y el progreso. Al dejar de lado las palabras y empezar a hacer, se establece un camino hacia el logro de metas y la creación de resultados tangibles.

<u>Acción Sugerida</u>: Analiza tu porcentaje diario de cuanto hablas y de cuanto te abocas al "hacer".

"UN LÍDER ES ALGUIEN QUE CONOCE EL CAMINO, VA POR EL CAMINO Y MUESTRA EL CAMINO." - JOHN C. MAXWELL

La afirmación "Un líder es alguien que conoce el camino, va por el camino y muestra el camino" destaca las cualidades esenciales de la orientación, la acción y el ejemplo en el liderazgo. Desde mi perspectiva como experto, esta frase resalta que un líder no solo tiene una visión clara, sino que también demuestra su compromiso actuando de manera coherente y sirve de guía para aquellos a quienes lidera.

En el núcleo de esta afirmación yace la idea de que un líder efectivo no solo entiende el camino hacia el éxito, sino que también lo transita activamente. La comprensión del camino implica conocimiento, pero la verdadera demostración de liderazgo va más allá, requiriendo acción y participación activa en la implementación de la visión. La frase sugiere que un líder no solo señala la dirección, sino que también lidera con el ejemplo. Al comprometerse personalmente con los desafíos y esforzarse por alcanzar metas, un líder inspira a otros a seguir su liderazgo. La autenticidad y la coherencia entre palabras y acciones son componentes clave de este enfoque.

Además, la afirmación destaca la importancia de la guía activa. No es suficiente para un líder simplemente señalar la dirección; también debe proporcionar orientación y apoyo continuo para aquellos que están en el camino. La habilidad para inspirar, motivar y liderar a otros hacia el éxito es una característica esencial del liderazgo efectivo. En un sentido más amplio, la cita también sugiere que el liderazgo exitoso implica un compromiso constante con el desarrollo personal y profesional. Aquellos que lideran deben estar dispuestos a aprender, adaptarse y evolucionar para enfrentar los desafíos cambiantes y guiar a sus seguidores hacia el éxito continuo.

En resumen, la afirmación destaca que un líder no solo conoce y señala el camino, sino que también camina por él y muestra el camino a través de acciones y ejemplos. Este enfoque integral, que combina visión, acción y orientación activa, define el liderazgo efectivo y sirve como inspiración para aquellos que buscan alcanzar metas comunes.

Acción Sugerida: ¿Qué tanto conoces el camino? ¿Que tanto eres el referente de tu mundo circundante inmediato?

"LO QUE OBTIENES AL ALCANZAR TUS METAS NO ES TAN IMPORTANTE COMO LO QUE LLEGAS A SER AL ALCANZARLAS." - ZIG ZIGLAR

La afirmación "Lo que obtienes al alcanzar tus metas no es tan importante como lo que llegas a ser al alcanzarlas" destaca la transformación personal y el crecimiento inherente en el proceso de perseguir y alcanzar metas. Desde mi perspectiva como experto, esta frase resalta que el verdadero valor reside en el desarrollo individual y la adquisición de habilidades y perspectivas nuevas durante la búsqueda de metas, más que en los logros tangibles.

En el núcleo de esta afirmación yace la idea de que el viaje hacia el logro de metas no solo se trata de obtener resultados externos, sino también de la evolución interna que ocurre a lo largo del camino. El proceso de superar desafíos, aprender de experiencias y enfrentarse a obstáculos contribuye significativamente al crecimiento personal.

La frase sugiere que el cambio y el aprendizaje que se producen durante la persecución de metas son a menudo más valiosos que los resultados finales. El carácter, la resiliencia y la madurez que se desarrollan en el camino son elementos que perduran y enriquecen la vida de manera continua.

Además, la afirmación destaca la importancia de la autenticidad y la autoconciencia en el proceso de alcanzar metas. Conocerse a sí mismo, comprender las motivaciones personales y aprender de los desafíos contribuye a un crecimiento más significativo y sostenible. En un sentido más amplio, la cita también sugiere que el proceso de crecimiento personal durante la búsqueda de metas puede influir en la manera en que se aprecian los logros. Aquellos que valoran el viaje y reconocen la importancia de lo que se aprendió y se convirtió durante el proceso están mejor posicionados para apreciar plenamente sus logros.

En resumen, la afirmación destaca que el auténtico valor de alcanzar metas no reside únicamente en los resultados tangibles, sino en la transformación personal y el crecimiento experimentado en el camino. Reconocer y apreciar la evolución interna durante la persecución de metas enriquece la experiencia y contribuye al desarrollo continuo de la individualidad.

<u>Acción Sugerida</u>: Analiza si eres de las personas que se regocijan más por sus logros o más por lo que llegas a ser como persona. Reflexiona sobre aquello.

"LA FUNCIÓN DE LIDERAZGO ES PRODUCIR MÁS LÍDERES, NO MÁS SEGUIDORES." - RALPH NADER

La afirmación "La función de liderazgo es producir más líderes, no más seguidores" destaca la verdadera esencia del liderazgo como un proceso de capacitación y empoderamiento que fomenta el desarrollo de otros hacia roles de liderazgo. Desde mi perspectiva como experto, esta frase resalta que un líder efectivo no solo guía, sino que también cultiva y promueve el crecimiento y la autonomía de quienes lo rodean.

En el núcleo de esta afirmación yace la idea de que un líder exitoso no está centrado únicamente en acumular seguidores, sino en crear un impacto sostenible al inspirar y capacitar a otros para que asuman responsabilidades de liderazgo. La función del liderazgo no se limita a la influencia directa, sino que se expande a la creación de un legado de liderazgo a través de la formación de nuevos líderes.

La frase sugiere que la capacidad de un líder para fomentar el liderazgo entre sus seguidores contribuye al crecimiento y éxito a largo plazo de una organización o comunidad. Al empoderar a otros con habilidades de liderazgo, se establece un ambiente donde la colaboración, la toma de decisiones distribuida y la innovación pueden prosperar.

Además, la afirmación destaca la importancia de la mentoría y la creación de oportunidades para el desarrollo profesional. Un líder que busca producir más líderes se involucra activamente en el crecimiento y la capacitación de sus seguidores, promoviendo un ciclo continuo de aprendizaje y liderazgo ascendente. En un sentido más amplio, la cita también resalta que el liderazgo efectivo es un proceso colaborativo y evolutivo que trasciende la figura individual del líder. Una comunidad de líderes colaborativos puede lograr un impacto significativo y sostenible en comparación con un enfoque basado únicamente en la dirección de un individuo.

En resumen, la afirmación destaca que la verdadera función del liderazgo va más allá de tener seguidores, centrándose en la producción y el empoderamiento de más líderes. Al cultivar la capacidad de liderazgo en otros, se fomenta un entorno de crecimiento colectivo y se establece un legado de liderazgo que perdura más allá de la influencia individual del líder.

Acción Sugerida: ¿Eres un jefe o un líder? ¿Entrenas a líderes o solo guías a los no líderes?

"LA GESTIÓN ES HACER LAS COSAS BIEN; EL LIDERAZGO ES HACER LO CORRECTO." - PETER DRUCKER

La afirmación "La gestión es hacer las cosas bien; el liderazgo es hacer lo correcto" de Peter Drucker resalta la distinción fundamental entre la gestión y el liderazgo, destacando que cada uno tiene su enfoque y propósito único. Desde mi perspectiva como experto, esta frase destaca la importancia de equilibrar la eficiencia operativa con la toma de decisiones éticas y estratégicas.

En el núcleo de esta afirmación yace la idea de que la gestión se centra en la eficiencia y la ejecución efectiva de tareas, mientras que el liderazgo implica la toma de decisiones fundamentales y la orientación hacia objetivos más amplios y significativos. La gestión se relaciona con la realización de tareas y la optimización de procesos, mientras que el liderazgo implica la dirección de la visión y la alineación de las acciones con valores y metas a largo plazo.

La frase sugiere que, en el ámbito de la gestión, la eficiencia y la productividad son elementos clave para alcanzar resultados. Por otro lado, el liderazgo va más allá de la ejecución de tareas para abordar preguntas más fundamentales sobre qué actividades son prioritarias y significativas en el panorama general.

Además, la afirmación destaca que la toma de decisiones éticas y estratégicas es una responsabilidad central del liderazgo. Hacer lo correcto implica considerar no solo la eficiencia inmediata, sino también los impactos a largo plazo en la organización, los empleados y la sociedad en general. En un sentido más amplio, la cita también resalta que la gestión y el liderazgo son complementarios y necesarios para el éxito integral de una organización. La gestión eficiente establece las bases operativas, mientras que el liderazgo visionario proporciona la dirección y el propósito que guían a la organización hacia el futuro.

En resumen, la afirmación de Peter Drucker destaca que la gestión se centra en hacer las cosas bien desde una perspectiva operativa, mientras que el liderazgo implica hacer lo correcto mediante la toma de decisiones éticas y estratégicas. Ambos aspectos son esenciales para el éxito organizacional, cada uno contribuyendo de manera única al cumplimiento de los objetivos a corto y largo plazo.

Acción Sugerida: ¿Qué tanto haces las cosas bien desde una perspectiva operativa? Analiza.

"HAZ HOY LO QUE OTROS NO QUIEREN, HAZ MAÑANA LO QUE OTROS NO PUEDEN." - JERRY RICE

La frase "Haz hoy lo que otros no quieren, haz mañana lo que otros no pueden" resalta la importancia de la perseverancia, la dedicación y la disposición para enfrentar desafíos en la búsqueda del éxito. Desde mi perspectiva como experto, esta afirmación destaca que la excelencia se logra al abordar tareas difíciles en el presente y al desarrollar habilidades únicas que marquen la diferencia en el futuro.

En el núcleo de esta afirmación yace la idea de que la verdadera distinción se encuentra en la disposición para enfrentar lo que otros encuentran desagradable o difícil en el momento presente. Tomar la iniciativa en la realización de tareas que pueden resultar desafiantes o menos populares requiere un compromiso personal con la excelencia y la autodisciplina.

La frase sugiere que al hacer hoy lo que otros evitan, se establece una base sólida para el éxito futuro. Al enfrentar y superar desafíos inmediatos, se desarrollan habilidades, conocimientos y resistencia que preparan para enfrentar tareas más difíciles y complejas en el futuro.

Además, la afirmación destaca la idea de que la autodisciplina y la superación personal son elementos clave para lograr cosas extraordinarias. Al comprometerse con lo que otros pueden considerar incómodo o difícil, se cultiva una mentalidad de crecimiento y se construye un camino hacia oportunidades que otros pueden no tener. En un sentido más amplio, la cita también sugiere que el éxito a menudo proviene de la disposición para asumir retos y superar obstáculos. Al adoptar una mentalidad proactiva y estar dispuesto a enfrentar lo que otros eluden, se establece una ventaja competitiva que puede abrir puertas a logros excepcionales.

En resumen, la afirmación destaca que el camino hacia el éxito implica abordar las tareas difíciles en el presente y desarrollar habilidades que destacarán en el futuro. Al enfrentar lo que otros evitan, se construye una base sólida para el crecimiento personal y profesional, permitiendo enfrentar desafíos más significativos con confianza y determinación

Acción Sugerida: ¿Qué tanto llevas a cabo actividades que requieran un esfuerzo superior, que los otros no están dispuestos a realizar? Reflexiona.

"NUESTRO MAYOR RECURSO ES EL TIEMPO. NO PUEDES RECUPERAR EL TIEMPO PERDIDO." - ZIG ZIGLAR

La afirmación "Nuestro mayor recurso es el tiempo. No puedes recuperar el tiempo perdido" destaca la singularidad y la irrecuperabilidad del tiempo como un recurso precioso. Desde mi perspectiva como experto, esta frase resalta la importancia de valorar y administrar el tiempo de manera consciente, reconociendo que las decisiones tomadas en relación con el tiempo tienen implicaciones a largo plazo.

En el núcleo de esta afirmación yace la idea de que el tiempo es un recurso limitado y finito. Cada momento pasado es irreemplazable, y las acciones realizadas en un período específico pueden tener un impacto duradero en el futuro.

La toma de conciencia de la finitud del tiempo impulsa a las personas a considerar cuidadosamente cómo lo utilizan. La frase sugiere que, dado que el tiempo no puede ser recuperado una vez que ha pasado, es fundamental priorizar y dedicar tiempo a actividades significativas y valiosas. La gestión efectiva del tiempo implica tomar decisiones informadas sobre cómo invertir este recurso escaso.

Además, la afirmación destaca la importancia de la responsabilidad personal en la utilización del tiempo. Reconocer que el tiempo es un recurso valioso impulsa a las personas a ser más conscientes de sus elecciones diarias, a establecer metas y prioridades claras, y a enfocarse en actividades que contribuyan al crecimiento personal y profesional.

En un sentido más amplio, la cita también resalta que la percepción del tiempo como un recurso finito puede influir en la planificación a largo plazo, la toma de decisiones estratégicas y la búsqueda de un equilibrio saludable entre la vida personal y profesional.

En resumen, la afirmación destaca que el tiempo es un recurso irreemplazable y valioso. La conciencia de su finitud motiva a las personas a tomar decisiones informadas, a priorizar actividades significativas y a ser responsables en la administración de este recurso escaso, reconociendo que cada momento cuenta y contribuye al curso de la vida.

Acción Sugerida: Hacer un gráfico de pie mental, en la cual cada sección tenga su porcentaje. ¿Cuánto es el tiempo que dedicas a ser feliz y agregar valor a ti mismo y a los demás?

"EL LIDERAZGO NO ES ACERCA DE SER EL MEJOR. ES ACERCA DE HACER QUE TODOS SEAN MEJORES." - JACK WELCH

La afirmación "El liderazgo no es acerca de ser el mejor. Es acerca de hacer que todos sean mejores" de Jack Welch destaca la esencia del liderazgo como una función centrada en el desarrollo y el empoderamiento de los demás. Desde mi perspectiva como experto, esta frase resalta que el verdadero liderazgo se manifiesta en la capacidad de inspirar y guiar a otros hacia su máximo potencial.

En el núcleo de esta afirmación yace la idea de que la grandeza de un líder no se mide solo por sus propios logros, sino por la capacidad de elevar y mejorar a aquellos a quienes lidera. El liderazgo efectivo implica la creación de un entorno donde todos tienen la oportunidad y el apoyo necesario para crecer y alcanzar sus metas.

La frase sugiere que el líder exitoso se enfoca en el desarrollo de las habilidades y fortalezas de los demás, en lugar de simplemente buscar destacar individualmente. Hacer que todos sean mejores implica fomentar un espíritu colaborativo y un compromiso con el crecimiento continuo dentro del equipo. Además, la afirmación destaca que la capacidad de un líder para mejorar a los demás no solo beneficia a los individuos, sino que también contribuye al éxito general de la organización. Un equipo de personas que crecen y se fortalecen colectivamente se convierte en un activo valioso y sostenible. En un sentido más amplio, la cita también sugiere que el liderazgo efectivo se basa en la empatía, la comprensión y la habilidad para inspirar a través del ejemplo. Los líderes que invierten en el crecimiento y el éxito de sus colaboradores cultivan un ambiente positivo y productivo.

En resumen, la afirmación destaca que el verdadero liderazgo va más allá de la búsqueda individual de la excelencia. Se trata de elevar a todos los miembros del equipo, inspirar su desarrollo y crear un entorno donde cada persona pueda contribuir de manera significativa y alcanzar su máximo potencial.

Acción Sugerida: ¿Qué tanto haces para que el resto sea mejor? Eres un coach o solo un jefe o colaborador más, en la larga línea de la invisibilidad.

"NO HAY SECRETOS PARA EL ÉXITO. ES EL RESULTADO DE LA PREPARACIÓN, EL TRABAJO ARDUO Y APRENDER DE LOS FRACASOS." - COLIN POWELL

La afirmación "No hay secretos para el éxito. Es el resultado de la preparación, el trabajo arduo y aprender de los fracasos" enfatiza la claridad y la transparencia en el proceso hacia el éxito. Desde mi perspectiva como experto, esta frase destaca la importancia de factores fundamentales como la preparación, la dedicación y la capacidad de extraer lecciones valiosas de los desafíos y fracasos.

En el núcleo de esta afirmación yace la idea de que el éxito no es un misterio inaccesible reservado para unos pocos afortunados, sino más bien un resultado directo de decisiones y acciones específicas. La preparación implica adquirir conocimientos, habilidades y estar listo para enfrentar desafíos, mientras que el trabajo arduo refleja el compromiso constante y la ejecución diligente de tareas.

La frase sugiere que aprender de los fracasos es una parte integral del camino hacia el éxito. Los desafíos y los errores no son obstáculos insuperables, sino oportunidades para adquirir experiencia, ajustar estrategias y mejorar continuamente. Esta mentalidad de aprendizaje constante es esencial para el crecimiento personal y profesional. Además, la afirmación destaca que el éxito es un proceso continuo que requiere perseverancia y una ética laboral sólida. La consistencia en la preparación y el trabajo arduo a lo largo del tiempo contribuye a construir una base sólida para el éxito sostenible. En un sentido más amplio, la cita también sugiere que el éxito es alcanzable para aquellos que están dispuestos a comprometerse y mantener una mentalidad de mejora constante. La transparencia de este enfoque desafía la noción de que el éxito está reservado para unos pocos privilegiados, enfatizando que está al alcance de aquellos que adoptan los principios fundamentales del esfuerzo y la adaptabilidad.

En resumen, la afirmación resalta que el éxito se alcanza a través de la preparación, el trabajo arduo y la capacidad de aprender de los fracasos. Esta perspectiva ofrece una guía clara y accesible para aquellos que buscan lograr sus metas, destacando la importancia de la consistencia, la resiliencia y el aprendizaje continuo en el camino hacia el éxito.

<u>Acción Sugerida</u>: Nada si no existen detrás horas de trabajo y entrenamiento. ¿Cuánto dedicas de tu tiempo a mejorar tus habilidades?

"EL LÍDER OPTIMISTA Y POSITIVO SE QUEDA CON EL EQUIPO EN TIEMPOS DIFÍCILES." - JOHN C. MAXWELL

La afirmación "El líder optimista y positivo se queda con el equipo en tiempos difíciles" destaca la importancia del liderazgo en momentos de adversidad y resalta la influencia positiva que un líder optimista puede tener en la moral y la cohesión del equipo. Desde mi perspectiva como experto, esta frase subraya la capacidad de un líder para inspirar, motivar y mantener un ambiente de trabajo constructivo incluso durante desafíos.

En el núcleo de esta afirmación yace la idea de que la actitud del líder puede tener un impacto significativo en la mentalidad y la resistencia del equipo. En tiempos difíciles, un líder optimista no solo brinda esperanza, sino que también modela la resiliencia y la determinación para superar obstáculos.

La frase sugiere que la capacidad de un líder para mantener una perspectiva positiva puede fortalecer la cohesión del equipo y fomentar la colaboración. La resiliencia y el optimismo del líder pueden servir como catalizadores para que el equipo supere desafíos y trabaje unido hacia soluciones creativas.

Además, la afirmación destaca que el liderazgo optimista no se limita a celebrar los éxitos, sino que es especialmente crucial en momentos difíciles. La capacidad de mantener una mentalidad positiva cuando las cosas son difíciles demuestra la autenticidad y la fortaleza del liderazgo. En un sentido más amplio, la cita también sugiere que el liderazgo optimista es esencial para construir una cultura organizacional resiliente y orientada hacia soluciones. Un líder que se queda con el equipo en tiempos difíciles no solo aporta optimismo, sino que también establece un ejemplo valioso para la gestión efectiva de la adversidad.

En resumen, la afirmación destaca que un líder optimista y positivo desempeña un papel crucial en el mantenimiento del espíritu del equipo durante tiempos difíciles. La capacidad de inspirar y mantener una perspectiva constructiva contribuye a la resiliencia y cohesión del equipo, facilitando la superación de desafíos y el logro de metas incluso en circunstancias adversas.

Acción Sugerida: Evalúa que características te hacen diferente y cuáles son las que provocan que tu equipo confíe en ti. ¿Tu Equipo está dispuesto a tomar desafíos junto a ti?

"EL FRACASO ES SIMPLEMENTE LA OPORTUNIDAD DE COMENZAR DE NUEVO, ESTA VEZ DE MANERA MÁS INTELIGENTE." - HENRY FORD

La afirmación "El fracaso es simplemente la oportunidad de comenzar de nuevo, esta vez de manera más inteligente" de Henry Ford resalta la importancia de aprender de las experiencias negativas y utilizarlas como catalizadores para el crecimiento y la mejora. Desde mi perspectiva como experto, esta frase destaca la mentalidad positiva y la capacidad de convertir los fracasos en oportunidades para evolucionar y hacer elecciones más informadas en el futuro.

En el núcleo de esta afirmación yace la idea de que el fracaso no debe ser visto como un punto final, sino como un punto de partida para una nueva y mejorada fase. La oportunidad de comenzar de nuevo implica una actitud de resiliencia y la disposición de aprovechar las lecciones aprendidas para abordar desafíos futuros de manera más efectiva.

La frase sugiere que la inteligencia radica en la capacidad de reflexionar sobre los fracasos, identificar las áreas de mejora y aplicar esos conocimientos en el próximo intento. La experiencia de fracasar no solo proporciona claridad sobre lo que no funcionó, sino también la oportunidad de innovar y encontrar soluciones más efectivas.

Además, la afirmación destaca la importancia de la adaptabilidad y la mejora continua. En lugar de ver el fracaso como un revés insuperable, se presenta como un trampolín para el crecimiento personal y profesional, fomentando una mentalidad positiva que impulsa hacia adelante. La cita también sugiere que el proceso de aprender de los fracasos es esencial para la innovación y el progreso. Aquellos que abrazan las lecciones de sus desafíos anteriores están mejor equipados para abordar futuros obstáculos con una perspectiva más informada y resiliente.

En resumen, la afirmación destaca que el fracaso no es el final del camino, sino una oportunidad para empezar de nuevo con mayor inteligencia. La capacidad de aprender y evolucionar a partir de las experiencias negativas no solo fomenta la mejora personal, sino que también impulsa la innovación y el crecimiento en el ámbito profesional y más allá.

<u>Acción Sugerida:</u> Reflexiona sobre qué fracasos, te han llevado al éxito.

"EL LIDERAZGO ES EL ARTE DE DAR A LA GENTE UNA PLATAFORMA PARA EXPRESAR SU RENDIMIENTO." - PETER DRUCKER

La afirmación "El liderazgo es el arte de dar a la gente una plataforma para expresar su rendimiento" de Peter Drucker resalta la esencia del liderazgo como facilitador y catalizador del potencial individual y colectivo. Desde mi perspectiva como experto, esta frase destaca que el liderazgo efectivo no se trata solo de dirigir, sino de crear un entorno donde los miembros del equipo puedan florecer y destacar. En el núcleo de esta afirmación yace la idea de que un líder habilidoso no solo dirige, sino que también proporciona un terreno fértil para que cada persona muestre su máximo rendimiento. Esta perspectiva reconoce la diversidad de habilidades, talentos y perspectivas dentro de un equipo, y destaca la importancia de permitir que cada miembro contribuya de manera única. La frase sugiere que el liderazgo efectivo implica la capacidad de identificar y potenciar las fortalezas individuales. Proporcionar una plataforma para expresar el rendimiento implica no solo delegar tareas, sino también inspirar y motivar a los miembros del equipo a alcanzar su máximo potencial.

Además, la afirmación destaca que el liderazgo es un acto de servicio. Al crear oportunidades para que otros brillen y destaquen, el líder contribuye al éxito colectivo y al desarrollo personal y profesional de cada miembro del equipo. En un sentido más amplio, la cita también sugiere que el liderazgo efectivo se basa en la empatía, la comprensión y la capacidad de crear un ambiente de trabajo inclusivo y estimulante. Un líder que brinda una plataforma para la expresión del rendimiento fomenta la innovación, la creatividad y un sentido de pertenencia en el equipo.

En resumen, la afirmación destaca que el liderazgo va más allá de la dirección directa. Es el arte de proporcionar a cada individuo una plataforma donde puedan expresar su rendimiento de manera significativa y contribuir al éxito del equipo en su conjunto.

<u>Acción Sugerida</u>: ¿Puedes, en tu evaluación interna, decir que tu liderazgo deja o ha dejado huella en otras personas? ¿Cómo contribuyes al éxito junto a tu equipo cada día?

"LA CALIDAD ES MÁS IMPORTANTE QUE LA CANTIDAD. UN HOME RUN ES MUCHO MEJOR QUE DOS DOBLES." - STEVE JOBS

La afirmación "La calidad es más importante que la cantidad. Un home run es mucho mejor que dos dobles" resalta la importancia de la excelencia y el impacto significativo sobre la mera cantidad o volumen de esfuerzos. Desde mi perspectiva como experto, esta frase destaca que la verdadera distinción se encuentra en la calidad y la singularidad de los logros, más que en su cantidad. En el núcleo de esta afirmación yace la idea de que la excelencia y el impacto duradero superan la simple acumulación de esfuerzos o logros mediocres. Un "home run" representa un logro excepcional y notable, mientras que "dos dobles" pueden simbolizar esfuerzos más comunes o menos sobresalientes.

La frase sugiere que la calidad no solo conduce a resultados más destacados, sino que también puede tener un impacto más duradero y significativo en comparación con la cantidad. En lugar de buscar simplemente la cantidad de acciones, proyectos o logros, se destaca la importancia de esforzarse por la excelencia en aquello que realmente importa.

Además, la afirmación destaca que el enfoque en la calidad puede impulsar la innovación y la creatividad. Buscar el "home run" implica aspirar a metas ambiciosas y desafiantes, fomentando un espíritu de mejora continua y superación personal.

En un sentido más amplio, la cita también sugiere que la calidad es esencial para construir una reputación sólida y duradera. Logros excepcionales y destacados tienen el potencial de dejar una huella más profunda y positiva en comparación con una serie de esfuerzos más modestos.

En resumen, la afirmación destaca la importancia de priorizar la calidad sobre la cantidad. Buscar "home runs", es decir, logros excepcionales y destacados, puede tener un impacto más duradero y significativo en comparación con la simple acumulación de esfuerzos menos notables.

Acción Sugerida: Hacer un Check cada día de cuáles son las actividades o acciones que agregaron valor y cuáles nos las que no, o simplemente que fueron rutinarias o de reprocesos.

"LA VERDADERA MEDIDA DE UN HOMBRE NO ESTÁ EN CUÁNTOS SIRVIENTES TIENE, SINO EN CUÁNTOS SIRVE." - ZIG ZIGLAR

La afirmación "La verdadera medida de un hombre no está en cuántos sirvientes tiene, sino en cuántos sirve" de Zig Ziglar destaca la esencia del altruismo y la importancia de la contribución positiva hacia los demás como un indicador clave de la grandeza personal. Desde mi perspectiva como experto, esta frase resalta que la verdadera grandeza se encuentra en el servicio y el impacto positivo en la vida de los demás.

En el núcleo de esta afirmación yace la idea de que la auténtica valía de una persona no se mide por su estatus social o el número de personas que le sirven, sino por la cantidad de vidas que él mismo toca y enriquece. La medida de un individuo se encuentra en su capacidad de contribuir al bienestar y el crecimiento de los demás.

La frase sugiere que el servicio desinteresado es un indicador fundamental de la integridad y la grandeza personal. Aquellos que encuentran satisfacción y significado en ayudar a otros demuestran una calidad humana que va más allá de la simple acumulación de bienes materiales o influencia.

Además, la afirmación destaca que la verdadera riqueza se encuentra en la capacidad de hacer una diferencia positiva en la vida de otros. Sirviendo a los demás, uno puede dejar un legado duradero y construir relaciones significativas basadas en el respeto mutuo y la empatía.

En un sentido más amplio, la cita también sugiere que la grandeza personal se manifiesta en la capacidad de generar un impacto positivo en la comunidad y en la sociedad en general. Aquellos que encuentran alegría y significado en el servicio a los demás contribuyen al bienestar colectivo.

En resumen, la afirmación destaca que la verdadera medida de un individuo se encuentra en su capacidad de servicio y en la cantidad de vidas que enriquece y mejora. El enfoque en ayudar a los demás, en lugar de ser servido, revela una grandeza personal basada en el impacto positivo y la contribución desinteresada hacia el bienestar común.

Acción Sugerida: ¿A cuántas personas sirves con gratitud y genuino desinterés?

"LA ÚNICA COSA PEOR QUE CAPACITACIÓN A TUS EMPLEADOS Y QUE SE VAYAN ES NO CAPACITARLOS Y QUE SE QUEDEN." - ZIG ZIGLAR

La afirmación "La única cosa peor que capacitar a tus empleados y que se vayan es no capacitarlos y que se queden" subraya la importancia estratégica de invertir en el desarrollo profesional de los empleados. Desde mi perspectiva como experto, esta frase destaca que la falta de capacitación puede tener consecuencias más perjudiciales a largo plazo que la inversión en el crecimiento y la mejora de las habilidades del personal.

En el núcleo de esta afirmación yace la idea de que la capacitación no solo es una inversión en el individuo, sino también en el éxito y la eficacia organizacional. La retención del talento y la contribución significativa de los empleados están estrechamente ligadas a la inversión en su desarrollo profesional. La frase sugiere que, aunque existe la posibilidad de que empleados capacitados puedan buscar nuevas oportunidades, la ausencia de capacitación puede resultar en una fuerza laboral estancada, con habilidades obsoletas y una falta de adaptabilidad frente a los desafíos cambiantes del entorno laboral.

Además, la afirmación destaca que la capacitación no solo beneficia a los empleados individualmente, sino que también fortalece la posición competitiva de la organización. Empleados bien capacitados están mejor equipados para abordar desafíos, mejorar la productividad y contribuir al logro de los objetivos organizativos.

En un sentido más amplio, la cita también sugiere que la capacitación es un componente clave para fomentar una cultura organizacional de aprendizaje continuo. Las organizaciones que reconocen la importancia de la capacitación están mejor posicionadas para enfrentar la evolución del mercado y la tecnología.

En resumen, la afirmación destaca que la capacitación es esencial tanto para el crecimiento individual como para el éxito organizacional a largo plazo. La inversión en el desarrollo de los empleados no solo mejora la retención del talento, sino que también fortalece la capacidad de la organización para enfrentar desafíos y prosperar en un entorno laboral dinámico.

Acción Sugerida: Si encuentras que la capacitación es cara, prueba con la ignorancia dentro de tus filas. Reflexiona sobre aquello.

"EL LIDERAZGO ES LA CAPACIDAD DE CONVERTIR LA VISIÓN EN REALIDAD." - WARREN BENNIS

La afirmación "El liderazgo es la capacidad de convertir la visión en realidad" destaca la esencia fundamental del liderazgo como un catalizador para transformar aspiraciones en logros tangibles. Desde mi perspectiva como experto, esta frase resalta la importancia de la dirección efectiva en el proceso de llevar a cabo una visión y traducirla en resultados concretos.

En el núcleo de esta afirmación yace la idea de que el liderazgo no se trata solo de concebir una visión inspiradora, sino de tener la habilidad de movilizar y guiar a otros para hacerla realidad. Esto implica la capacidad de alinear recursos, inspirar a equipos y superar desafíos en la búsqueda de metas estratégicas.

La frase sugiere que un líder efectivo no solo es un visionario, sino también un ejecutor hábil. Convertir la visión en realidad implica la toma de decisiones efectivas, la gestión de recursos de manera eficiente y la adaptación a medida que evolucionan las circunstancias.

Además, la afirmación destaca que el liderazgo implica una combinación de inspiración y acción pragmática. No basta con comunicar una visión; un líder exitoso debe guiar y empoderar a su equipo, proporcionando la dirección y el apoyo necesarios para alcanzar los objetivos propuestos.

En un sentido más amplio, la cita también sugiere que el liderazgo exitoso se mide no solo por la claridad de la visión, sino por la capacidad de llevar a cabo esa visión de manera efectiva. Los líderes que pueden materializar sus aspiraciones inspiran confianza y generan un impacto duradero.

En resumen, la afirmación destaca que el liderazgo es más que tener una visión; es la capacidad de convertirla en realidad a través de la acción estratégica, la movilización de recursos y la inspiración efectiva del equipo. Un líder exitoso es aquel que no solo sueña con el futuro, sino que también trabaja incansablemente para hacerlo realidad.

Acción Sugerida: De nada sirve visionar si no se plasma en acciones concretas. ¿Cuántas veces sueñas y no haces nada por lograr aquello que deseas? Reflexiona sobre aquello.

"EL CAMBIO NO ES ALGO QUE DEBAMOS TEMER. ES ALGO QUE DEBEMOS ABRAZAR." - SHERYL SANDBERG

La afirmación "El cambio no es algo que debamos temer. Es algo que debemos abrazar" destaca la perspectiva positiva hacia la transformación y la adaptabilidad en lugar de resistirla por temor. Desde mi perspectiva como experto, esta frase resalta la importancia de cultivar una mentalidad abierta y proactiva frente a los cambios, reconociendo que son inevitables y a menudo portadores de oportunidades.

En el núcleo de esta afirmación yace la idea de que el cambio es una constante en la vida y en el entorno empresarial. En lugar de percibirlo como una amenaza, la frase sugiere que deberíamos ver el cambio como una fuerza impulsora para la innovación, el crecimiento y la mejora continua. La frase sugiere que, al abrazar el cambio, se desarrolla la capacidad de adaptarse a nuevas circunstancias, aprender de experiencias diferentes y prosperar en entornos dinámicos. En lugar de resistirse al cambio por miedo a lo desconocido, se fomenta la actitud de explorar nuevas posibilidades y abordar desafíos de manera constructiva.

Además, la afirmación destaca que la resistencia al cambio puede limitar el progreso y la evolución. Abrazar el cambio implica reconocer que la estabilidad a largo plazo a menudo requiere la capacidad de ajustarse y evolucionar en respuesta a las demandas cambiantes del mundo.

En un sentido más amplio, la cita también sugiere que aquellos que abrazan el cambio tienen una mayor probabilidad de liderar en entornos volátiles y de generar soluciones innovadoras. La flexibilidad y la adaptabilidad se vuelven activos esenciales para individuos y organizaciones que buscan mantenerse relevantes y exitosos.

En resumen, la afirmación destaca que el cambio no debería ser temido, sino más bien abrazado como una oportunidad para crecer y mejorar. Cultivar una actitud positiva hacia la transformación permite no solo sobrevivir en entornos cambiantes, sino también prosperar al aprovechar las oportunidades que el cambio puede ofrecer.

Acción Sugerida: ¿Cómo está tu elasticidad a los cambios? ¿En qué grado de elasticidad a los cambios se encuentra tu equipo?

"EL ÉXITO ES CAMINAR DE FRACASO EN FRACASO SIN PERDER EL ENTUSIASMO." - WINSTON CHURCHILL

La afirmación "El éxito es caminar de fracaso en fracaso sin perder el entusiasmo" de Winston Churchill resalta la importancia de la perseverancia y la actitud positiva frente a los desafíos. Desde mi perspectiva como experto, esta frase subraya que el éxito no siempre es un camino lineal, sino un proceso que implica superar obstáculos con resiliencia y manteniendo el entusiasmo.

En el núcleo de esta afirmación yace la idea de que el éxito no está exento de fracasos y contratiempos. La capacidad de avanzar a pesar de los tropiezos y mantener el entusiasmo en medio de las dificultades es fundamental para alcanzar metas significativas a largo plazo.

La frase sugiere que cada fracaso puede ser una oportunidad para aprender y mejorar. En lugar de desanimarse, el individuo exitoso ve los contratiempos como lecciones valiosas y como parte integral del camino hacia el logro de sus objetivos.

Además, la afirmación destaca que el entusiasmo es un motor crucial para el éxito. Mantener una actitud positiva y apasionada, incluso en momentos difíciles, puede impulsar la motivación y la creatividad, permitiendo al individuo superar los desafíos con una mentalidad abierta y resiliente.

En un sentido más amplio, la cita también sugiere que el éxito no es solo el resultado final, sino un viaje marcado por la determinación y la voluntad de seguir adelante a pesar de los fracasos. Aquellos que abrazan este enfoque pueden encontrar el éxito no solo como un destino, sino como un proceso continuo de crecimiento y superación.

En resumen, la afirmación destaca que el éxito no se logra sin enfrentar fracasos, y la clave reside en la capacidad de caminar de fracaso en fracaso sin perder el entusiasmo. La resiliencia, la actitud positiva y la disposición para aprender de las dificultades son elementos esenciales para alcanzar el éxito a largo plazo.

<u>Acción Sugerida:</u> El camino está lleno de gente brillante, varados en la cuneta, pues se dejan abatir por los fracasos. ¿Tus acciones de hoy te llevan a la cuneta del camino o hacia la dirección correcta?

"UN LÍDER ES AQUEL QUE CONOCE EL CAMINO, LO RECORRE Y MUESTRA EL CAMINO." - JOHN C. MAXWELL

La afirmación "Un líder es aquel que conoce el camino, lo recorre y muestra el camino" de John C. Maxwell destaca la naturaleza integral del liderazgo, combinando conocimiento, acción personal y la capacidad de guiar a otros. Desde mi perspectiva como experto, esta frase resalta la importancia de la autenticidad y la capacidad de influir positivamente en otros a través del ejemplo.

En el núcleo de esta afirmación yace la idea de que un líder no solo debe entender los principios y prácticas que conducen al éxito, sino también vivirlos en su propia vida. El conocimiento teórico debe respaldarse con acciones coherentes que reflejen los valores y principios que el líder defiende.

La frase sugiere que la autenticidad es clave en el liderazgo efectivo. Un líder que camina el camino que propone construye confianza y credibilidad. La coherencia entre lo que se dice y lo que se hace es esencial para inspirar a otros y fomentar un seguimiento sólido.

Además, la afirmación destaca la importancia de guiar a otros mostrando el camino. Un líder efectivo no solo avanza individualmente, sino que comparte su conocimiento y experiencia, ayudando a otros a desarrollar sus propias habilidades y alcanzar su potencial máximo.

En un sentido más amplio, la cita también sugiere que el liderazgo no es solo una posición o título, sino un compromiso activo con el crecimiento personal y el desarrollo de los demás. Un líder exitoso no solo dirige, sino también empodera y guía a su equipo hacia el éxito.

En resumen, la afirmación destaca que el liderazgo efectivo implica unir conocimiento, acción y guía. Un líder auténtico es aquel que no solo conoce el camino, sino que también lo recorre, demostrando a otros la ruta hacia el éxito a través de su propio ejemplo.

<u>Acción Sugerida:</u> Reflexiona si conoces el camino, lo has recorrido y si lo enseñas. Si no posees las tres, es hora de generar cambios en ti para lograr aquello.

"EL ÚNICO LUGAR DONDE EL ÉXITO VIENE ANTES DEL TRABAJO ES EN EL DICCIONARIO." - VIDAL SASSOON

La afirmación "El único lugar donde el éxito viene antes del trabajo es en el diccionario" destaca la conexión intrínseca entre el esfuerzo diligente y el logro del éxito. Desde mi perspectiva como experto, esta frase subraya la importancia del trabajo arduo y la dedicación como ingredientes esenciales para alcanzar metas significativas.

En el núcleo de esta afirmación yace la idea de que el éxito no se logra de manera automática ni sin esfuerzo. A diferencia de las palabras que aparecen en el diccionario, donde la secuencia alfabética dicta su posición, en la vida real, el éxito requiere un compromiso activo, perseverancia y una inversión continua de energía.

La frase sugiere que el trabajo es el camino hacia el éxito. En lugar de esperar que las cosas sucedan de manera pasiva, el individuo exitoso reconoce la necesidad de esforzarse, aprender, y superar desafíos para alcanzar sus objetivos.

Además, la afirmación destaca que el éxito es una

consecuencia directa del esfuerzo y la dedicación. Aquellos que buscan el éxito deben estar preparados para invertir tiempo y energía significativos en sus metas, enfrentando desafíos y aprendiendo de experiencias a lo largo del camino.

En un sentido más amplio, la cita también sugiere que el valor del trabajo arduo no debe subestimarse. El logro del éxito requiere no solo talento y habilidades, sino también una ética laboral sólida y una mentalidad perseverante.

En resumen, la afirmación destaca que el éxito está intrínsecamente vinculado al trabajo arduo y a la dedicación constante. Aquellos que reconocen y abrazan la relación entre el esfuerzo sostenido y el logro son más propensos a experimentar el éxito significativo en sus esfuerzos y aspiraciones.

Acción Sugerida: El éxito no es azar, no es producto de la pasividad o la espera, sino de la acción. Chequea tu rutina diaria, en la cual puedas enumerar una o dos acciones que te estén llevando al camino correcto y al éxito.

"NO ES LA ESPECIE MÁS FUERTE LA QUE SOBREVIVE, NI LA MÁS INTELIGENTE, SINO LA QUE RESPONDE MEJOR AL CAMBIO." - CHARLES DARWIN

La afirmación "No es la especie más fuerte la que sobrevive, ni la más inteligente, sino la que responde mejor al cambio" de Charles Darwin resalta la importancia de la adaptabilidad como factor crucial para la supervivencia. Desde mi perspectiva como experto, esta frase enfatiza que la capacidad de ajustarse y evolucionar en respuesta a cambios en el entorno es fundamental para la persistencia y el éxito en la vida.

En el núcleo de esta afirmación yace la idea de que la fuerza y la inteligencia no garantizan la supervivencia por sí solas. Aquellas especies que pueden adaptarse de manera efectiva a cambios en su entorno tienen una mayor probabilidad de prosperar y sobrevivir a largo plazo. La frase sugiere que la respuesta al cambio es un indicador clave de la capacidad de una especie, o incluso de un individuo, para enfrentar desafíos y aprovechar nuevas oportunidades. La adaptabilidad se convierte en un componente esencial para la evolución y la supervivencia en un mundo dinámico.

Además, la afirmación destaca que la resistencia al cambio puede ser perjudicial. Aquellas especies que se aferran a comportamientos obsoletos o estructuras rígidas pueden enfrentar dificultades cuando su entorno evoluciona. La capacidad de adaptarse se convierte en un activo estratégico.

En un sentido más amplio, la cita también sugiere que esta perspectiva es aplicable no solo a la biología, sino también a los contextos empresariales y sociales. Las organizaciones y los individuos que pueden responder eficazmente a cambios en el mercado o la sociedad tienen una mayor probabilidad de destacar y prosperar.

En resumen, la afirmación destaca que la adaptabilidad al cambio es un factor crucial para la supervivencia y el éxito. Aquellas especies, organizaciones o individuos que pueden ajustarse de manera efectiva a las condiciones cambiantes tienen una ventaja significativa en la evolución y la búsqueda de objetivos a largo plazo.

Acción Sugerida: Evalúa tu grado de adaptación a los cambios de tu entorno laboral y circundante, si es baja puede que estés en peligro de extinción.

"LA TAREA DEL LÍDER ES LLEVAR A SU GENTE DE DONDE ESTÁN, HACIA DONDE NO HAN ESTADO." - HENRY KISSINGER

La afirmación "La tarea del líder es llevar a su gente de donde están, hacia donde no han estado" de Henry Kissinger resalta la función esencial del liderazgo en inspirar y guiar a un grupo hacia nuevos horizontes y desafíos. Desde mi perspectiva como experto, esta frase destaca la importancia de la visión, la dirección y el empoderamiento que un líder proporciona para llevar a su equipo a un futuro no explorado.

En el núcleo de esta afirmación yace la idea de que el liderazgo va más allá de simplemente mantener el status quo. Un líder efectivo busca ampliar los límites y las capacidades de su equipo, llevándolos más allá de sus zonas de confort hacia nuevas experiencias y logros. La frase sugiere que un líder exitoso debe tener una visión clara del futuro y la capacidad de comunicar esa visión de manera convincente. Guiar a otros hacia territorios inexplorados implica inspirar confianza, fomentar el espíritu de equipo y proporcionar la dirección necesaria para superar los desafíos.

Además, la afirmación destaca que la tarea del líder es un acto de liderazgo transformacional. No se trata solo de gestionar lo existente, sino de catalizar el cambio y la innovación, permitiendo que el equipo alcance niveles más altos de rendimiento y éxito.

En un sentido más amplio, la cita también sugiere que el liderazgo efectivo implica motivar a las personas a trascender sus límites percibidos y explorar nuevas posibilidades. La tarea del líder es crear un entorno donde la creatividad y el crecimiento sean fomentados.

En resumen, la afirmación destaca que la tarea del líder no es simplemente mantener el statu quo, sino inspirar y guiar a su equipo hacia nuevos horizontes y desafíos. Un líder efectivo es aquel que lleva a su gente más allá de donde están, hacia un futuro que aún no han explorado.

Acción Sugerida: Evalúa si en tus procesos visualizas constantemente el estado base de las cosas, en contraste a un estado superior o mejorado. ¿Eres un agente de cambio que tiene claro las dos visiones?

"EL LIDERAZGO NO ES SOBRE SER ENRIQUECIDO; ES SOBRE ENRIQUECER A OTROS." - JOHN C. MAXWELL

La afirmación "El liderazgo no es sobre ser enriquecido; es sobre enriquecer a otros" destaca la verdadera esencia del liderazgo, centrada en el servicio y el empoderamiento de los demás. Desde mi perspectiva como experto, esta frase resalta la responsabilidad fundamental de los líderes de contribuir al crecimiento y al bienestar de quienes están a su cargo.

En el núcleo de esta afirmación yace la idea de que el liderazgo no debe ser egoísta ni centrado en la búsqueda de beneficios personales. En lugar de enfocarse en la acumulación de riqueza individual, un líder efectivo se compromete a mejorar la vida de los demás, ayudándolos a alcanzar su máximo potencial. La frase sugiere que la medida del éxito del liderazgo no se encuentra en la riqueza personal, sino en el impacto positivo que un líder tiene en el desarrollo y el bienestar de su equipo. La capacidad de inspirar, guiar y facilitar el crecimiento de los demás es esencial para un liderazgo auténtico y efectivo.

Además, la afirmación destaca que el liderazgo implica un compromiso con el servicio y la contribución al bien común. Los líderes exitosos se preocupan por el progreso y el éxito de quienes lideran, creando un ambiente donde todos pueden florecer y alcanzar sus metas.

En un sentido más amplio, la cita también sugiere que la esencia del liderazgo radica en la capacidad de influir de manera positiva en la vida de los demás. Los líderes que enriquecen a sus equipos con mentoría, apoyo y oportunidades de crecimiento fomentan un entorno en el que todos pueden prosperar.

En resumen, la afirmación destaca que el liderazgo verdadero no se trata de la búsqueda de riqueza personal, sino de enriquecer a otros a través del servicio, el apoyo y la creación de oportunidades. Un líder efectivo es aquel que invierte en el crecimiento y el bienestar de su equipo, contribuyendo al éxito colectivo.

<u>Acción Sugerida:</u> Reflexiona sobre la medida de la riqueza intangible de tu existencia. ¿Cuál es tu patrimonio al respecto?

"EL MAYOR LOGRO DE UN LÍDER ES LA CREACIÓN DE LÍDERES." - JOHN QUINCY ADAMS

La afirmación "El mayor logro de un líder es la creación de líderes" de John Quincy Adams resalta la esencia del liderazgo como un proceso de capacitación y empoderamiento para que otros alcancen su máximo potencial. Desde mi perspectiva como experto, esta frase enfatiza la importancia de cultivar la próxima generación de líderes y fomentar un legado duradero.

En el núcleo de esta afirmación yace la idea de que un líder verdaderamente exitoso no solo guía y dirige, sino que también invierte en el desarrollo de las habilidades y capacidades de aquellos a quienes lidera. El impacto duradero de un líder se mide no solo por sus propios logros, sino por la capacidad de inspirar y capacitar a otros para asumir roles de liderazgo. La frase sugiere que el liderazgo trascendental va más allá de la autoridad individual y se centra en la creación de un legado sostenible. Un líder efectivo se esfuerza por construir una cultura organizacional o comunitaria que fomente el liderazgo distribuido, permitiendo que múltiples individuos asuman roles de liderazgo y contribuyan al éxito colectivo.

Además, la afirmación destaca que el empoderamiento de otros para liderar es una medida clave del éxito de un líder. Aquellos que pueden identificar y nutrir el potencial de liderazgo en su equipo demuestran una visión a largo plazo y un compromiso con el crecimiento y la evolución constante.

En un sentido más amplio, la cita también sugiere que el liderazgo efectivo es un proceso de construcción de comunidades y equipos resilientes. La capacidad de un líder para crear líderes contribuye no solo al presente, sino al futuro sostenible de la organización o comunidad.

En resumen, la afirmación destaca que el mayor logro de un líder no radica solo en sus propias hazañas, sino en la capacidad de cultivar y empoderar a otros para liderar. Un líder verdaderamente exitoso es aquel que deja un legado duradero al inspirar y capacitar a la próxima generación de líderes.

Acción Sugerida: Reflexiona sobre tu trayectoria y de cuanta gente has formado. ¿Cuáles fueron líderes?

"LA GENTE NO COMPRA LO QUE HACES, COMPRA POR QUÉ LO HACES." - SIMON SINEK

La afirmación "La gente no compra lo que haces, compra por qué lo haces" destaca la importancia del propósito y la conexión emocional en el ámbito de los negocios y el marketing. Desde mi perspectiva como experto, esta frase resalta que la motivación detrás de una acción o producto puede tener un impacto significativo en las decisiones de compra de las personas.

En el núcleo de esta afirmación yace la idea de que el propósito y la razón de ser de una marca o producto son factores cruciales para atraer a los consumidores. No se trata solo de qué se ofrece, sino de la historia, los valores y la misión que respaldan esa oferta. La conexión emocional que surge del "por qué" puede influir poderosamente en las decisiones de compra. La frase sugiere que las empresas y los líderes efectivos no solo se centran en los aspectos funcionales de sus productos o servicios, sino que también comunican de manera efectiva el propósito más profundo detrás de lo que hacen. Las motivaciones auténticas y alineadas con los valores pueden resonar con los consumidores de una manera que va más allá de las características tangibles del producto. Además, la afirmación destaca que la narrativa y la autenticidad son componentes esenciales para construir una conexión significativa con los consumidores. Comunicar el "por qué" de manera clara y genuina puede generar confianza y lealtad en el mercado.

En un sentido más amplio, la cita también sugiere que el propósito y la misión de una organización son elementos fundamentales para su éxito sostenible. Las empresas que comunican y viven de acuerdo con un propósito más elevado no solo venden productos, sino que también ofrecen una experiencia y valores que resuenan con sus clientes.

En resumen, la afirmación destaca que la conexión emocional a través del propósito es un elemento crucial en el proceso de compra. La gente no solo compra lo que haces, sino que compra por qué lo haces, buscando una relación significativa con marcas y productos que reflejen sus valores y aspiraciones.

Acción Sugerida: ¿Cuál es el sentido de propósito de lo que haces? ¿Simple subsistencia o trascendencia? Reflexiona.

"SI PIENSAS QUE LA FORMACIÓN ES COSTOSA, PRUEBA CON LA IGNORANCIA." - PETER DRUCKER

La afirmación "Si piensas que la formación es costosa, prueba con la ignorancia" resalta la importancia de la educación y el aprendizaje continuo como una inversión valiosa en comparación con los costos potenciales de la falta de conocimiento. Desde mi perspectiva como experto, esta frase enfatiza que el costo de no estar bien informado puede ser mucho mayor que el de proporcionar oportunidades de formación y desarrollo.

En el núcleo de esta afirmación yace la idea de que la falta de conocimiento puede resultar en errores, malentendidos y oportunidades perdidas que podrían haberse evitado con la capacitación adecuada. Aunque la formación puede implicar inversiones financieras, la ignorancia puede llevar a consecuencias más costosas a largo plazo. La frase sugiere que la formación no debe ser vista simplemente como un gasto, sino como una inversión en el capital humano y en la mejora de habilidades y competencias. El conocimiento adquirido a través de la formación puede traducirse en eficiencia, productividad y toma de decisiones más informadas. Además, la afirmación destaca que en entornos cambiantes y competitivos, la actualización constante de habilidades y conocimientos es esencial. La falta de adaptación y aprendizaje continuo puede dejar a individuos y organizaciones rezagados frente a nuevas tendencias y tecnologías.

En un sentido más amplio, la cita también sugiere que la ignorancia puede tener costos imprevistos en diversos aspectos de la vida, desde el ámbito profesional hasta el personal. La formación, por otro lado, puede ser la clave para superar obstáculos y alcanzar metas de manera más efectiva.

En resumen, la afirmación destaca que la formación no debe ser considerada simplemente como un gasto, sino como una inversión necesaria para evitar los costos potenciales de la ignorancia. La adquisición continua de conocimientos y habilidades se convierte en un activo valioso para el crecimiento personal y el éxito en diversos contextos.

Acción Sugerida: Es un deber entrenar siempre, el no hacerlo nos puede mantener en un statu quo y en un estado latente de que ocurran reprocesos.

> "EL RESPETO ES CÓMO TRATAMOS A LOS DEMÁS, NO CÓMO LOS TRATAMOS CUANDO ESTÁN DELANTE DE NOSOTROS, SINO CÓMO LOS TRATAMOS CUANDO NO ESTÁN DELANTE." - TONY ROBBINS

La afirmación "El respeto es cómo tratamos a los demás, no cómo los tratamos cuando están delante de nosotros, sino cómo los tratamos cuando no están delante" destaca la autenticidad y la integridad en las interacciones humanas. Desde mi perspectiva como experto, esta frase resalta la importancia de mantener un comportamiento respetuoso de manera consistente, independientemente de la presencia o ausencia de las personas a las que nos referimos. En el núcleo de esta afirmación yace la idea de que el respeto verdadero se manifiesta en las acciones y comportamientos cotidianos, incluso cuando no hay un público presente. Tratar a los demás con cortesía, consideración y dignidad no solo en situaciones públicas, sino también en la privacidad, refleja la autenticidad de los valores y principios personales. La frase sugiere que la integridad del respeto se mide en cómo nos comportamos cuando no estamos siendo observados directamente. El respeto no debe ser una actuación para la audiencia, sino una parte fundamental de nuestra ética personal que guía nuestras interacciones incluso en momentos menos visibles. Además, la afirmación destaca que el respeto genuino no está condicionado por la visibilidad de nuestras acciones. Tratar a los demás con consideración y empatía, independientemente de si están presentes o no, demuestra un compromiso arraigado con los valores éticos y una comprensión profunda del respeto como una práctica constante. La cita también sugiere que el respeto consistente contribuye a construir relaciones duraderas y confianza. Las acciones coherentes en el trato hacia los demás refuerzan la percepción de autenticidad y crean una base sólida para la conexión y la colaboración.

En resumen, la afirmación destaca que el respeto verdadero se manifiesta en cómo tratamos a los demás de manera consistente, incluso cuando no están presentes. La coherencia en el respeto refleja la integridad de los valores personales y contribuye a construir relaciones genuinas y duraderas.

<u>Acción Sugerida:</u> Trata a los demás como te gustaría, te trataran a ti. Evalúa que tan íntegros somos en dicho aspecto.

"EL TRABAJO EN EQUIPO ES EL SECRETO QUE HACE QUE LAS PERSONAS COMUNES LOGREN RESULTADOS POCO COMUNES." - ANDREW CARNEGIE

La afirmación "El trabajo en equipo es el secreto que hace que las personas comunes logren resultados poco comunes" de Andrew Carnegie destaca la importancia del colaboración y la sinergia en la consecución de logros significativos. Desde mi perspectiva como experto, esta frase resalta que el éxito extraordinario a menudo proviene de la combinación de esfuerzos individuales dentro de un equipo cohesionado.

En el núcleo de esta afirmación yace la idea de que la colaboración efectiva, la coordinación de habilidades y la contribución colectiva pueden llevar a resultados que superan las capacidades individuales. El trabajo en equipo es un catalizador para la creatividad, la resolución de problemas y la maximización del potencial de cada miembro. La frase sugiere que el éxito no se limita a las habilidades individuales, sino que se potencia a través de la diversidad de talentos y perspectivas que se encuentran en un equipo bien estructurado. La combinación de fortalezas individuales y la compensación de debilidades a través de la colaboración pueden llevar a un rendimiento colectivo excepcional.

Además, la afirmación destaca que el trabajo en equipo fomenta un ambiente donde las personas se apoyan mutuamente, comparten conocimientos y se esfuerzan hacia objetivos comunes. La cohesión y la confianza dentro del equipo son elementos fundamentales para lograr resultados que van más allá de lo que podría alcanzar una persona sola. En un sentido más amplio, la cita también sugiere que el trabajo en equipo es esencial no solo en el ámbito laboral, sino en diversos contextos de la vida. La habilidad de trabajar efectivamente con otros es una competencia valiosa que se traduce en éxito en muchas áreas.

En resumen, la afirmación destaca que el trabajo en equipo es el factor clave que permite que personas comunes alcancen resultados excepcionales. La colaboración, la sinergia y la construcción de un equipo fuerte son elementos esenciales para superar desafíos y lograr metas poco comunes.

Acción Sugerida: Es inevitable no trabajar en equipo. ¿Qué tan grato es aquello para ti? Evalúa si lo que haces agrega valor al equipo y a la Organización.

"LA MEJOR MANERA DE PREDECIR EL FUTURO ES INVENTARLO." - ALAN KAY

La afirmación "La mejor manera de predecir el futuro es inventarlo" resalta la idea de que el cambio y el progreso no son eventos pasivos, sino el resultado de la acción proactiva y la innovación. Desde mi perspectiva como experto, esta frase enfatiza la importancia de ser agentes activos en la creación del futuro que deseamos ver.

En la afirmación yace la idea de que no estamos limitados a ser simples espectadores de lo que vendrá, sino que tenemos la capacidad de influir en el curso de los acontecimientos. La innovación y la creatividad son fuerzas impulsoras que nos permiten moldear y construir activamente el futuro que imaginamos. La frase sugiere que la pasividad y la conformidad no son estrategias efectivas cuando se trata de enfrentar los desafíos y las oportunidades del futuro. Aquellos que están dispuestos a ser visionarios, asumir riesgos calculados y adoptar un enfoque proactivo son más propensos a ser los arquitectos de un futuro positivo. Además, la afirmación destaca la importancia de la adaptabilidad y la flexibilidad. En un mundo en constante cambio, aquellos que son capaces de anticipar y adaptarse rápidamente a nuevas circunstancias están mejor posicionados para influir en el rumbo del futuro.

En un sentido más amplio, la cita también sugiere que la creatividad y la innovación son motores fundamentales para el progreso humano. La invención del futuro no solo se aplica a nivel individual, sino también a nivel colectivo, donde la colaboración y la co-creación son clave para construir un mañana mejor.

En resumen, la afirmación destaca que, en lugar de simplemente prever el futuro como un espectador pasivo, tenemos el poder de dar forma activamente a lo que vendrá. La innovación, la creatividad y la proactividad son herramientas esenciales para ser los arquitectos de un futuro positivo y significativo.

Acción Sugerida: Realiza un chequeo de las actividades y acciones que te están llevando a un estado futuro mejor. Desecha lo que no te agrega valor, las mochilas pesadas no sirven para escalar la cima.

"LA VERDADERA MEDIDA DE LA EFECTIVIDAD DE UN LÍDER ES TODO LO QUE SE LOGRA EN SU AUSENCIA." - JOHN C. MAXWELL

La afirmación "La verdadera medida de la efectividad de un líder es todo lo que se logra en su ausencia" resalta la capacidad de un líder para influir positivamente en su equipo incluso cuando no está presente físicamente. Desde mi perspectiva como experto, esta frase destaca la importancia de construir equipos autónomos y capacitados que puedan funcionar eficientemente sin una supervisión constante. En el núcleo de esta afirmación yace la idea de que un líder efectivo no solo logra resultados mientras está presente, sino que deja un impacto duradero al empoderar y capacitar a su equipo para funcionar de manera independiente. La habilidad de un líder para cultivar un ambiente donde los miembros del equipo puedan tomar decisiones informadas y actuar con autonomía es esencial.

La frase sugiere que el éxito de un líder se mide no solo por los logros durante su presencia directa, sino por la capacidad del equipo para mantener y superar los estándares de rendimiento en su ausencia. La verdadera eficacia de un líder se manifiesta en la sostenibilidad y la continuidad del éxito del equipo.

Además, la afirmación destaca la importancia de la capacitación y el desarrollo de habilidades dentro del equipo. Un líder que invierte en el crecimiento individual y colectivo de sus miembros establece las bases para un rendimiento excepcional, incluso cuando no está presente. En un sentido más amplio, la cita también sugiere que la delegación y la confianza son componentes cruciales de un liderazgo efectivo. Los líderes que confían en su equipo para tomar decisiones y asumir responsabilidades contribuyen a un entorno donde la autonomía y la autorregulación son la norma.

En resumen, la afirmación destaca que la verdadera medida de la efectividad de un líder se revela en lo que el equipo logra en su ausencia. Un liderazgo efectivo se caracteriza por la capacidad de construir equipos autónomos, capacitados y capaces de mantener altos niveles de rendimiento incluso sin la presencia constante del líder.

Acción Sugerida: ¿Qué tanta autonomía produces en los resultados de tus colaboradores? Evalúa los resultados y la medida de autonomía del cómo se logró.

"CONDUCIR GENTE ES TAN DIFICIL COMO ARREAR GATOS." – WARREN BENNIS

La comparación de conducir gente con arrear gatos sugiere que dirigir a un grupo de personas puede ser tan desafiante como tratar de controlar a seres independientes y a menudo impredecibles, como los gatos.

Según el mismo Bennis dice "Quien conozca la indole felina, sabe que los gatos no se dejan arrear como ganado, detestan obedecer instrucciones autoritarias y necesitan que sean respetadas sus idiosincrasias individuales. Pues bien: con las personas sucede lo mismo. Unos y otras responden mas a la interaccion que a las ordenes, a la consideracion que al despotismo. Como los gatos, la gente puede ser pacientemente convencida, instada, seducida".

La gestión de personas es una tarea compleja que implica comprender y equilibrar las necesidades, personalidades y habilidades individuales dentro de un equipo. Si consideramos a los gatos como seres independientes y, a veces, impredecibles, la metáfora resalta la dificultad de dirigir a individuos con sus propias motivaciones, objetivos y comportamientos.

Warren Bennis, conocido por sus contribuciones en el campo del liderazgo, podría haber usado esta comparación para destacar la importancia de la adaptabilidad, la paciencia y la comprensión en la gestión de personas. Al igual que los gatos, las personas pueden tener diferentes motivaciones y reacciones a la dirección, y el líder eficaz debe ser capaz de navegar estas complejidades.

Además, la metáfora podría sugerir que no existe un enfoque único o fórmula para liderar a las personas con éxito. Al igual que arrear gatos requiere una comprensión única de cada gato individual, liderar a un equipo implica una comprensión profunda de las características únicas de cada miembro del equipo.

En resumen, la declaración "Conducir gente es tan difícil como arrear gatos" podría transmitir la idea de que la gestión de personas implica desafíos significativos y requiere habilidades específicas, como adaptabilidad, comprensión individual y paciencia, para lograr un liderazgo efectivo.

Acción Sugerida: ¿Conoces las verdaderas motivaciones de las personas? ¿Sabes cómo conducir su energía en función de esas motivaciones?

"SE TARDA 20 AÑOS EN CONSTRUIR UNA REPUTACIÓN Y CINCO MINUTOS EN ARRUINARLA. SI PIENSAS EN ESO, HARÁS LAS COSAS DE MANERA DIFERENTE."– WARREN BUFFET

La afirmación de Warren Buffett resalta la fragilidad de la reputación y su construcción a lo largo del tiempo. En los primeros 20 años, se sugiere que la reputación se edifica mediante acciones consistentes, integridad y esfuerzos persistentes. Este periodo extenso subraya la paciencia y dedicación necesarias para establecer una base sólida en la percepción pública.

La segunda parte de la cita enfatiza la vulnerabilidad de la reputación frente a acciones impulsivas o decisiones apresuradas. Buffett advierte que en tan solo cinco minutos, un acto mal considerado puede socavar décadas de esfuerzo. Este sentido de urgencia destaca la importancia de la reflexión y la toma de decisiones cuidadosa en la protección de la reputación.

En conjunto, la cita subraya la relación simbiótica entre la construcción y la destrucción de la reputación. Plantea un recordatorio cauteloso sobre la necesidad de considerar las consecuencias a largo plazo de nuestras acciones. En un mundo cada vez más rápido y con una exposición constante, la declaración de Buffett sirve como un llamado a la responsabilidad y la conciencia sobre cómo nuestras elecciones impactan en nuestra imagen y credibilidad a lo largo del tiempo. En resumen, la cita destaca la importancia de la consistencia, la integridad y la prudencia en la gestión de la reputación.

Acción Sugerida: ¿Si tuvieras una cámara mirándote todo el día, o si tu conciencia de acto fuera lo suficientemente poderosa, harías las cosas que a veces haces regularmente? Reflexiona sobre aquello, de eso se trata la integridad.

"LA INNOVACIÓN DISTINGUE ENTRE UN LÍDER Y UN SEGUIDOR."– STEVE JOBS

La afirmación de Steve Jobs encapsula la esencia del liderazgo en un entorno dinámico. La clave de la distinción entre líderes y seguidores, según Jobs, radica en la capacidad de innovar. Aquí, la innovación no se limita solo a la introducción de nuevos productos o servicios, sino que implica una mentalidad creativa y una disposición constante a desafiar el status quo.

La primera parte de la cita sugiere que los líderes, a través de la innovación, tienen la capacidad de marcar el rumbo y liderar el cambio. Jobs abogaba por la idea de que la originalidad y la creatividad son fundamentales para destacar en un mundo competitivo y en constante evolución.

Por otro lado, la mención de "seguidor" no conlleva una connotación negativa, sino que refleja la realidad de aquellos que optan por mantenerse en el camino ya trazado. Jobs insta a la audiencia a aspirar a liderar, a ser los creadores de nuevas sendas en lugar de seguir las trazadas por otros.

En resumen, la cita de Steve Jobs enfatiza la importancia de la innovación como criterio distintivo entre líderes y seguidores. Plantea la idea de que aquellos dispuestos a innovar y desafiar convenciones son quienes naturalmente se elevan a liderar, mientras que la resistencia al cambio o la imitación constante sitúan a otros en roles secundarios. La innovación, según Jobs, es el motor que impulsa la diferenciación y el liderazgo en cualquier campo.

<u>Acción Sugerida:</u> ¿Eres un innovador o un seguidor? Analiza tus habilidades y tus competencias, revisa si tus acciones diarias te llevan a ser un innovador o un seguidor.

"EL LIDERAZGO NO ES INTIMIDACIÓN Y AGRESIÓN. EL LIDERAZGO ES LA EXPECTATIVA DE QUE PUEDES USAR TU VOZ PARA EL BIEN."– SHERYL SANDBERG

En esta cita, Sheryl Sandberg destaca una perspectiva esencial sobre el liderazgo, contrarrestando la noción tradicional de autoridad basada en la intimidación y la agresión. Sandberg propone que el liderazgo va más allá de ejercer poder de manera coercitiva y se fundamenta en la capacidad de influir positivamente mediante la expresión consciente y efectiva de ideas.

La afirmación de Sandberg sugiere que el líder no solo tiene el derecho, sino también la responsabilidad, de utilizar su voz para generar un impacto positivo. La "expectativa" aquí resalta la idea de que los líderes son percibidos no solo por su posición jerárquica, sino por la calidad y dirección de su comunicación. El énfasis en "usar tu voz para el bien" implica una orientación ética y un compromiso con el beneficio colectivo.

La declaración de Sandberg sugiere una visión más inclusiva y colaborativa del liderazgo, donde la voz del líder se convierte en una herramienta para inspirar, motivar y guiar hacia el bien común. En un contexto más amplio, esta perspectiva promueve la construcción de entornos de trabajo saludables y relaciones profesionales basadas en la confianza y el respeto mutuo.

En resumen, la cita de Sheryl Sandberg ofrece una definición contemporánea y ética del liderazgo, centrada en el uso constructivo de la voz y la influencia, en contraposición a enfoques más tradicionales basados en la intimidación y la agresión.

Acción Sugerida: ¿Eres inclusivo, constructivo y colaborativo en tu accionar diario? Analiza en retrospectiva que conductas has llevado y cuáles de estas se ajustan al estilo mencionado.

"GRANDES EMPRESAS SE CONSTRUYEN SOBRE GRANDES PRODUCTOS."– ELON MUSK

La declaración de Elon Musk, "Grandes empresas se construyen sobre grandes productos," encapsula la filosofía fundamental que ha impulsado su enfoque hacia la innovación y el liderazgo empresarial. Esta afirmación resalta la premisa esencial de que el éxito y la longevidad de una empresa están inextricablemente vinculados a la calidad y la excelencia de los productos que ofrece al mercado.

Desde una perspectiva de liderazgo, la declaración de Musk sugiere una profunda comprensión de la conexión entre la visión del líder y la creación de productos distintivos. Para Musk, el líder no solo es un gestor eficiente, sino también un arquitecto visionario que impulsa el desarrollo de productos que transforman industrias y cambian paradigmas.

El liderazgo según la visión de Musk implica un compromiso inquebrantable con la innovación. En lugar de simplemente seguir las tendencias del mercado, aboga por la creación de productos revolucionarios que no solo cumplan con las expectativas, sino que las superen. Esta perspectiva desafía la noción convencional de liderazgo centrado en la gestión operativa, situando la creación de productos como el epicentro de la estrategia empresarial. El énfasis en "grandes productos" destaca la importancia de la calidad y la excelencia en el diseño y la ejecución. Este enfoque va más allá de simplemente satisfacer las necesidades del cliente; implica anticipar y superar esas necesidades, liderando con una visión audaz que se traduce en productos que capturan la imaginación y la lealtad del mercado.

La cita también sugiere que, para Musk, el liderazgo exitoso va más allá de la gestión interna y se conecta directamente con la capacidad de liderar en la esfera pública a través de la oferta de productos innovadores. Los productos de Tesla y SpaceX, por ejemplo, no solo son productos exitosos en sí mismos, sino que también simbolizan la capacidad del liderazgo de Musk para inspirar y transformar industrias enteras.

En resumen, la declaración de Elon Musk enfatiza la importancia de la innovación y la calidad de los productos como los cimientos de una empresa exitosa. Desde una perspectiva de liderazgo, sugiere que la habilidad para liderar radica en la capacidad de concebir y ofrecer productos que no solo cumplan con las expectativas actuales, sino que también definan nuevas normas y expectativas en el mercado. Es una visión que destaca la importancia de la visión, la audacia y la ejecución impecable en la construcción y el liderazgo de empresas de renombre.de valor a través de la calidad y la innovación.

Acción Sugerida: ¿Tienes plena comprensión de la conexión entre la visión del líder y la creación de productos distintivos?, o dicho de otro modo y que también se aplica a las actividades operacionales, ¿qué tanta comprensión tiene tu visión para mejorar procesos, que en definitiva llevarán la operación a un estado superior?

"A MEDIDA QUE MIRAMOS HACIA EL PRÓXIMO SIGLO, LOS LÍDERES SERÁN AQUELLOS QUE EMPODEREN A LOS DEMÁS."– BILL GATES

La visión de Bill Gates sobre el liderazgo proyecta una transformación fundamental en la naturaleza del liderazgo a medida que avanzamos en el tiempo. En esta declaración, Gates destaca la transición de un modelo tradicional de liderazgo hacia uno más colaborativo y orientado al empoderamiento.

La proyección hacia el próximo siglo sugiere un reconocimiento por parte de Gates de la evolución constante de los desafíos y oportunidades que enfrentaremos. En este contexto, el término "líderes" adquiere una connotación diferente, alejándose de la imagen clásica del líder como alguien que simplemente dirige y controla. En cambio, Gates sugiere que los líderes del futuro serán aquellos que tengan la capacidad de capacitar, inspirar y habilitar a otros para alcanzar su máximo potencial.

La palabra "empoderar" se convierte en el núcleo de esta visión. Gates postula que el liderazgo efectivo implica proporcionar a los demás las herramientas, la confianza y la autonomía para contribuir significativamente. Esto implica una transición desde un enfoque centrado en el líder hacia uno que ponga énfasis en el desarrollo y la fortaleza de quienes están siendo liderados.

Este enfoque no solo sugiere un cambio en las dinámicas tradicionales de autoridad, sino que también refleja una comprensión más profunda de la interconexión y la interdependencia en los entornos contemporáneos. Los líderes no solo guían desde la cima, sino que trabajan activamente para construir equipos fuertes y resistentes, donde cada miembro se siente capacitado y valorado.

En resumen, la cita de Bill Gates pinta un retrato del liderazgo futuro como un proceso colaborativo y capacitador. Mirando hacia adelante, Gates propone una visión donde los líderes exitosos serán aquellos que se dediquen a elevar a quienes los rodean, promoviendo así la construcción de comunidades y organizaciones más sólidas y resilientes. En este paradigma, el liderazgo se mide no solo por la posición en la jerarquía, sino por la capacidad de inspirar y empoderar a otros.

Acción Sugerida: ¿Tienes un liderazgo enmarcado dentro de un proceso colaborativo, capacitador y con visión? Reflexiona sobre aquello.

"CAPACITA A LAS PERSONAS LO SUFICIENTEMENTE BIEN PARA QUE PUEDAN IRSE, TRÁTALAS LO SUFICIENTEMENTE BIEN PARA QUE NO QUIERAN." RICHARD BRANSON

Esta cita de Richard Branson destaca la dualidad esencial en la gestión de personas. El primer componente resalta la importancia de capacitar a los empleados de manera integral, brindándoles habilidades y conocimientos que les otorguen autonomía y opciones profesionales. Branson sugiere que una formación sólida les proporciona la capacidad de emprender nuevos caminos, ya sea dentro o fuera de la organización. Este enfoque refleja una mentalidad progresista, reconociendo que el desarrollo individual y la movilidad son cruciales en entornos laborales dinámicos.

El segundo aspecto de la cita aborda la retención a través del trato respetuoso y equitativo. Branson impulsa la noción de que el trato adecuado y la creación de un ambiente positivo fomentan la lealtad y la permanencia del personal. Aquí, la calidad de las relaciones laborales se presenta como un elemento clave para construir equipos comprometidos y satisfechos. Este enfoque resuena con la idea de que el liderazgo efectivo va más allá de la autoridad y se fundamenta en la empatía y el reconocimiento del valor individual.

En conjunto, la cita subraya una estrategia de gestión equilibrada. Branson aboga por un enfoque en el que la inversión en el crecimiento individual y profesional se combine con un entorno laboral que fomente la retención. Este planteamiento refleja la comprensión de que la retención sostenible no se basa únicamente en la restricción, sino en la creación de un ambiente que nutra y celebre el desarrollo de los empleados. En resumen, la cita de Branson destaca la importancia de la formación y el trato respetuoso como elementos cruciales para la gestión efectiva de personas.

Acción Sugerida: ¿Tienes el enfoque claro, en el que la inversión en el crecimiento individual y profesional puedan combinarse con un entorno laboral sano? Evalúa si tus colaboradores a la primera oportunidad se irían o no. Ahí tendrás la respuesta.

"ANTES DE SER UN LÍDER, EL ÉXITO SE TRATA DE TU PROPIO CRECIMIENTO. CUANDO TE CONVIERTES EN UN LÍDER, EL ÉXITO SE TRATA DE HACER CRECER A LOS DEMÁS."– JACK WELCH

La afirmación de Jack Welch refleja una transición clave en la percepción del éxito a medida que uno avanza en su trayectoria profesional. Antes de asumir roles de liderazgo, el éxito se vincula con el desarrollo personal y profesional del individuo. Welch sugiere que este período inicial está marcado por la adquisición de habilidades, la construcción de experiencia y el cumplimiento de metas personales. Sin embargo, la transformación hacia el liderazgo implica un cambio de enfoque significativo. Welch postula que el verdadero éxito para un líder radica en la capacidad de cultivar el crecimiento y el éxito de quienes le rodean. Aquí, el líder no se mide únicamente por sus logros individuales, sino por la capacidad de inspirar, guiar y desarrollar a otros para que alcancen su máximo potencial.

La primera parte de la cita sugiere que el líder exitoso es alguien que ha pasado por un proceso de autodescubrimiento y crecimiento personal. La acumulación de conocimientos y experiencias personales sienta las bases para el liderazgo efectivo. Sin embargo, Welch destaca que este proceso de desarrollo personal no es un fin en sí mismo; es el preludio de una fase donde el líder se convierte en un catalizador del crecimiento ajeno.

El énfasis en "hacer crecer a los demás" resalta la responsabilidad del líder de nutrir, orientar y empoderar a su equipo. Aquí, el éxito del líder se entrelaza inseparablemente con la prosperidad y el logro de quienes están bajo su dirección. Esta visión del liderazgo refleja una comprensión profunda de la importancia de la influencia positiva y la contribución al desarrollo de otros.

En resumen, la cita de Jack Welch destaca la dualidad del éxito en la trayectoria profesional. Marca un cambio de paradigma desde el logro individual hacia la capacidad de liderar con el propósito de hacer crecer y desarrollar a los demás. En el liderazgo efectivo, el éxito se mide no solo por los logros personales, sino por la capacidad de crear un impacto duradero en el crecimiento y el éxito de quienes siguen al líder.

Acción Sugerida: El proceso de desarrollo personal no es un fin en sí mismo; es el preludio de una fase donde el líder se convierte en un catalizador del crecimiento ajeno. Analiza aquello y resuelve.

"LOS GRANDES LÍDERES ESTÁN DISPUESTOS A SACRIFICAR SUS PROPIOS INTERESES PERSONALES POR EL BIEN DEL EQUIPO."– COLIN POWELL

La declaración de Colin Powell resalta la esencia altruista del liderazgo efectivo. En ella, Powell sugiere que los líderes excepcionales son aquellos que colocan los intereses del equipo por encima de sus propios deseos o beneficios personales.

La premisa inicial destaca la disposición del líder a sacrificar. Powell implica que el liderazgo no es simplemente un ejercicio de autoridad, sino un acto de servicio. Antes de liderar, el individuo debe estar dispuesto a poner en segundo plano sus objetivos personales para abrazar y trabajar por el bien común del equipo.

La segunda parte de la cita refleja la idea de que el éxito del líder está intrínsecamente ligado al éxito colectivo del equipo. Powell postula que la grandeza de un líder se mide no solo por los logros individuales, sino por la capacidad de cultivar un entorno donde cada miembro del equipo pueda prosperar y contribuir al máximo de su capacidad.

La palabra "sacrificar" lleva consigo la idea de renunciar a algo en beneficio de otros. Este acto desinteresado se convierte en un distintivo del líder verdaderamente comprometido con el éxito y el bienestar del equipo. Powell sugiere que el liderazgo efectivo demanda un grado de desprendimiento personal en aras de un objetivo colectivo más elevado.

En resumen, la cita de Colin Powell encapsula la esencia del liderazgo altruista. Sugiere que los grandes líderes no solo lideran desde la cima, sino que también están dispuestos a renunciar a sus intereses personales en favor del equipo. Esta perspectiva no solo fortalece la cohesión del grupo, sino que también fomenta un ambiente donde cada miembro se siente valorado y respaldado, culminando en el éxito colectivo del equipo.

Acción Sugerida: ¿Qué tan dispuesto estás para renunciar a tus intereses personales en favor del equipo? Siempre habrá un mayor o menor grado de adherencia al equipo, pero en resumidas cuentas, debes analizar tu propia convicción de aquello. La falta de compromiso y entrega, no revela a un gran líder, sino, por el contrario.

ACERCA DEL AUTOR

Es ingeniero Comercial y Licenciado en Ciencias de Administración y Economía, Universidad Católica del Norte.
Magíster en Control de Gestión(E), Universidad de Chile y Advanced Seminar on International Business Issues. Washington, D.C. George Washington University.
Master Black Belt Caterpillar (CPS), 6Sigma, DMAIC y LEAN. Profesional y asesor con más de 25 años ocupando puestos de jefaturas, BDA, PMO y ejecutivo en el rubro de la industria, empresas de servicios a la minería y en minería de Chile.
Dicta cátedras desde 2015 en Diplomado Control de Gestión y clases de pregrado en la Facultad de Economía de la Universidad Católica del Norte. Dicta charlas en Escuela de Negocios Mineros ENM UCN sede Antofagasta, Chile y a empresas del rubro industrial.
Autor de los libros "Gestión de Contratos Mineros" y de "Contract Management" manual traducido al idioma inglés.
El rock y la lectura es su pasión.

Contácte al autor en www.carloarqueros.com